全国高等职业教育“十三五”规划教材

测绘法规与项目管理

主　编　柏雯娟

副主编　李　建　李付定

参　编　李　玲　刁　宇

　　　　曾　云　李冰杭

中国矿业大学出版社

内 容 提 要

本书是为了满足高职院校测绘类专业教学的需要，为了满足优质高职高专测绘类学科建设体系的需要，以培养全面发展的测绘专业人才为目的而编写的。全书共12章，分为两个部分。第一部分测绘法律法规，以《中华人民共和国测绘法》和《注册测绘师资格考试大纲》为主线，主要介绍了各项测绘法律法规基本知识。第二部分测绘项目管理，主要介绍了测绘项目合同管理、项目技术设计、组织与实施等内容。

本书主要供高职院校测绘类及相关专业师生教学使用，也可以为参加注册测绘师资格考试的考生复习备考，还可以用于指导有关单位日常生产和技术管理工作。

图书在版编目(CIP)数据

测绘法规与项目管理/柏雯娟主编. —徐州：中国矿业大学出版社，2018.6

ISBN 978-7-5646-3967-9

Ⅰ. ①测… Ⅱ. ①柏… Ⅲ. ①测绘法令—中国—高等职业教育—教材 Ⅳ. ①D922.17

中国版本图书馆CIP数据核字(2018)第104754号

书　　名　测绘法规与项目管理
主　　编　柏雯娟
责任编辑　何晓明
出版发行　中国矿业大学出版社有限责任公司
（江苏省徐州市解放南路　邮编221008）
营销热线　(0516)83885307　83884995
出版服务　(0516)83885767　83884920
网　　址　http://www.cumtp.com　**E-mail**：cumtpvip@cumtp.com
印　　刷　江苏淮阴新华印刷厂
开　　本　787×1092　1/16　**印张** 10　**字数** 250千字
版次印次　2018年6月第1版　2018年6月第1次印刷
定　　价　29.80元
（图书出现印装质量问题，本社负责调换）

前 言

测绘工作是经济建设、国防建设、社会发展和生态保护的重要基础性工作。测绘工作者不仅应该掌握扎实的测绘专业知识和技术，还应该掌握测绘项目管理的相关知识，在测绘法律法规的框架下开展测绘工作。

目前，全国很多高职院校均已将“测绘法律法规”作为测绘类专业的必修课程之一。本书是为了满足高职院校测绘类专业教学的需要，为了满足优质高职高专测绘类学科建设体系的需要，以培养全面发展的测绘专业人才为目的而编写的。本书主要供高职院校测绘类及相关专业师生教学使用，也可以为参加注册测绘师资格考试的考生复习备考，还可以用于指导有关单位日常生产和技术管理工作。

全书共 12 章，分为两个部分。第一部分测绘法律法规，以《中华人民共和国测绘法》和《注册测绘师资格考试大纲》为主线，主要介绍了各项测绘法律法规基本知识。第二部分测绘项目管理，主要介绍了测绘项目合同管理、项目技术设计、组织与实施等内容。

本书由重庆工程职业技术学院柏雯娟担任主编并负责统稿，重庆工程职业技术学院李建和甘肃能源化工职业学院李付定担任副主编。具体编写分工如下：第 1、2、5、6 章由重庆工程职业技术学院柏雯娟编写；第 3 章由甘肃能源化工职业学院李付定编写；第 4 章由重庆工程职业技术学院李玲编写；第 7 章由重庆机械电子高级技工学校刁宇编写；第 8、9 章由重庆工程职业技术学院曾云编写；第 10 章由重庆工程职业技术学院李冰杭编写；第 11、12 章由重庆工程职业技术学院李建编写。

在本书的编写过程中，参阅了大量的文献和资料，参考了一些相关著作和教材，吸收和借鉴了相关作者的研究成果，得到了有关专家学者的指导和帮助，在此深表谢意！由于时间仓促，加之编者的水平和经验有限，书中难免有不足之处，敬请广大读者提出宝贵意见。

编 者

2018 年 4 月

目 录

第一部分 测绘法律法规

第二部分　测绘项目管理

第一部分

测绘法律法规

第 1 章　测绘法律法规基本知识

1.1　我国测绘法律法规体系

目前，我国已初步建立了由法律、行政法规、部门规章、地方性法规、政府规章、重要规范性文件等共同组成的测绘法律法规体系，为测绘管理提供了依据，也为从事测绘活动提供了基本准则。

1.1.1　我国重要的测绘法律法规

在我国，法律由全国人民代表大会及其常务委员会制定，现行测绘法律是《中华人民共和国测绘法》(以下简称《测绘法》)。行政法规由国务院根据宪法和法律，按照行政法规制定程序制定。行政法规的地位和效力仅次于法律，服从于宪法和法律。目前，测绘行政法规主要有《地图管理条例》(国务院令第 664 号)、《中华人民共和国测绘成果管理条例》(国务院令第 469 号)、《中华人民共和国测量标志保护条例》(国务院令第 203 号)和《基础测绘条例》(国务院令第 556 号)。

(1)《测绘法》

《测绘法》是在我国从事测绘活动和进行测绘管理的基本法律和准则，也是制定测绘行政法规、部门规章和规范性文件的主要依据。

《测绘法》于 1992 年 12 月 28 日由第七届全国人民代表大会常务委员会第二十九次会议通过，自 1993 年 7 月 1 日起实施。2002 年 8 月 29 日，由第九届全国人民代表大会常务委员会第二十九次会议第一次修订，自 2002 年 12 月 1 日起施行。2017 年 4 月 27 日，由第十二届全国人民代表大会常务委员会第二十七次会议第二次修订，自 2017 年 7 月 1 日起施行。

新修订的《测绘法》共 10 章 68 条，分别为总则、测绘基准和测绘系统、基础测绘、界线测绘和其他测绘、测绘资质资格、测绘成果、测量标志保护、监督管理、法律责任、附则。

(2)《地图管理条例》

《地图管理条例》于 2015 年 11 月 11 日由国务院第 111 次常务会议通过，自 2016 年 1 月 1 日起施行，同时废止国务院 1995 年 7 月 10 日发布的《中华人民共和国地图编制出版管理条例》。《地图管理条例》是一部专门规范地图编制出版活动的行政法规，是地图管理的主要依据。该条例对地图的编制、审核、出版和互联网地图服务以及监督检查活动等均做出了明确的规定。

(3)《基础测绘条例》

《基础测绘条例》于 2009 年 5 月 6 日由国务院第 62 次常务会议通过，自 2009 年 8 月 1 日起施行。该条例对基础测绘的分级管理、规划和计划制订、经费来源、组织实施、成果更新、信息共享等做出了具体的规定。

(4)《中华人民共和国测绘成果管理条例》(以下简称《测绘成果管理条例》)

《测绘成果管理条例》于2006年5月17日由国务院第136次会议通过,自2006年9月1日起施行。该条例对测绘成果的汇交、保管,秘密范围和等级确定,利用涉及国家秘密的测绘成果保密技术处理,利用测绘成果的审批,著作权保护,重要地理信息数据的审核公布与使用等做出了具体的规定。

(5)《中华人民共和国测量标志保护条例》(以下简称《测量标志保护条例》)

《测量标志保护条例》于1996年9月4日由国务院公布,自1997年1月1日起施行,同时废止国务院1984年1月7日发布的《测量标志保护条例》。《测量标志保护条例》对测量标志管理的职责分工,测量标志建设的要求、占地范围、设置标记、义务保管、检查维修、有偿使用、拆迁审批、标志保护,打击破坏测量标志的违法行为等做出了具体的规定。

1.1.2 重要的测绘部门规章

部门规章是国务院所属的各部、委员会根据法律和行政法规制定的规范性文件。具体到与测绘相关的部门规章,则是由国务院相关各部、委员会及中国人民银行、审计署和具有行政管理职能的直属机构,根据法律和国务院的行政法规、决定、命令,在本部门的权限范围内制定的。

(1)《地图审核管理规定》

《地图审核管理规定》于2006年6月8日由国土资源部第3次部务会议通过并公布,后于2017年11月20日由国土资源部第3次部务会议修订,自2018年1月1日起施行。修订后的《地图审核管理规定》共34条。该规定明确了地图审核职责的划分,对地图审核的申请与受理、内容和依据以及地图审核的监督管理等进行了详细的规范。

(2)《测绘地理信息行政执法证管理办法》

《测绘地理信息行政执法证管理法》于2014年4月10日由国土资源部第2次部务会议通过,自2014年7月1日起施行,同时废止国家测绘局2000年1月4日发布的《测绘行政执法证管理规定》。《测绘地理信息行政执法证管理办法》主要对测绘地理信息行政执法证的监督管理、申领条件和程序、使用、注册、补发、换发、注销、吊销及对测绘地理信息行政执法人员的培训考评和监督管理等做出了时确的规定。

(3)《测绘行政处罚程序规定》

《测绘行政处罚程序规定》于2000年1月4日由国家测绘局发布,2010年11月30日国土资源部审议修改。该规定主要对测绘行政处罚应遵循的总则,对处罚案件的管辖、简易程序、一般程序、听证程序、送达等做出了具体的规定。

(4)《外国的组织或者个人来华测绘管理暂行办法》

《外国的组织或者个人来华测绘管理暂行办法》于2007年1月19日由国土资源部公布,自2007年3月1日起施行,根据2011年4月27日《国土资源部关于修改〈外国的组织或者个人来华测绘管理暂行办法〉的决定》修正。该办法对外国组织或者个人来华测绘必须遵循的原则、组织形式、审批和监督管理、禁止从事的活动、资质条件和资质的申请审批、一次性测绘的申请审批、罚则等做出了明确的规定。

(5)《重要地理信息数据审核公布管理规定》

《重要地理信息数据审核公布管理规定》于2003年3月25日由国土资源部发布,自

2003 年 5 月 1 日起施行。该规定对重要地理信息数据的定义、主要包括的内容、审核公布的主体、建议人提出审核公布建议的要求、审核的主要内容、公布的要求、擅自发布的责罚等做出了具体的规定。

(6)《房产测绘管理办法》

《房产测绘管理办法》于 2000 年 12 月 28 日由建设部、国家测绘局联合发布，自 2001 年 5 月 1 日起施行。该办法对房产测绘的委托、资格管理、成果管理、法律责任等做出了明确的规定。

1.1.3　重要的测绘规范性文件

规范性文件，是各级机关、团体、组织制发的各类文件中最主要的一类，因其内容具有约束和规范人们行为的性质，故称为规范性文件。目前，主要的测绘规范性文件有：

(1)《测绘作业证管理规定》

《测绘作业证管理规定》于 2004 年 3 月 19 日由国家测绘局发布，自 2004 年 6 月 1 日起施行。该规定对测绘作业证的管理、申请、受理、审核、发放、注册、使用、当事人的权利义务等做出了具体的规定。

(2)《测绘资质管理规定》

《测绘资质管理规定》于 2014 年 7 月 1 日由国家测绘地理信息局印发，自 2014 年 8 月 1 日起施行。该规定对测绘资质的申请与受理、审查与决定、变更与延续、监督管理、罚则等做出了具体的规定。

(3)《测绘资质分级标准》

《测绘资质分级标准》与《测绘资质管理规定》相衔接，也是 2014 年 7 月 1 日由国家测绘地理信息局印发，自 2014 年 8 月 1 日起施行。该标准划分为通用标准和专业标准两部分。专业标准包括大地测量、测绘航空摄影、摄影测量与遥感、地理信息系统工程、工程测量、不动产测绘、海洋测绘、地图编制、导航电子地图制作、互联网地图服务等内容。

(4)《测绘计量管理暂行办法》

《测绘计量管理暂行办法》于 1996 年 5 月 22 日由国家测绘局发布，自发布之日起施行。该办法对计量标准的认证、计量检定人员的考核认证、测绘计量器具的检定机构的授权、检定办法和要求等做出了明确的规定。

(5)《测绘生产质量管理规定》

《测绘生产质量管理规定》于 1997 年 7 月 22 日由国家测绘局发布，自发布之日起施行。该规定对测绘单位的测绘质量责任制、生产组织准备的质量管理、生产作业过程的质量管理、产品使用过程的质量管理、质量奖惩等做出了明确的规定。

(6)《测绘地理信息质量管理办法》

《测绘地理信息质量管理办法》于 2015 年 6 月 26 日由国家测绘地理信息局发布，自发布之日起实施。该办法对测绘单位质量工作的日常监督管理、测绘单位的质量责任与义务、测绘质检机构的质量责任与义务、质量奖惩等做出了明确的规定。

(7)《测绘地理信息业务档案管理规定》

《测绘地理信息业务档案管理规定》于 2015 年 3 月 5 日由国家测绘地理信息局、国家档案局联合发布，自发布之日起施行。同时废止 1988 年颁发的《测绘科学技术档案管理规定》和 1993 年颁发的《测绘科技档案建档工作管理规定》。《测绘地理信息业务档案管理规定》

对测绘地理信息业务档案管理机构与职责、建档与归档、保管与销毁、服务与利用、监督管理等做出了具体的规定。

(8)《测绘地理信息档案管理规定》

《测绘地理信息档案管理规定》于2017年7月24日由国家测绘地理信息局、国家档案局联合印发,自印发之日起施行。该规定从测绘地理信息档案管理原则,健全档案管理工作机制,明确档案工作机构和管理职能,构建档案安全保密制度体系,推进档案信息化建设与开发利用,实现档案信息资源共享,加大对测绘地理信息档案监督管理力度等方面进行了规范。

(9)《测绘成果质量监督抽查管理办法》

《测绘成果质量监督抽查管理办法》于2010年3月24日由国家测绘局发布,自发布之日起施行。该办法对测绘成果质量监督抽查工作的计划与方案制订、监督检验、对监督检验结论有异议的受理、对抽查结果处理等工作进行了规范。

(10)《测绘标准化工作管理办法》

《测绘标准化工作管理办法》于2008年3月10日由国家测绘局发布,自发布之日起施行。该办法对测绘标准化工作的组织机构与职责分工,测绘标准的要求,标准项目的立项,测绘标准制定和修订的程序,以及标准的审批、发布、实施、监督、复审等做出了具体的规定。

(11)《地理信息标准化工作管理规定》

《地理信息标准化工作管理规定》于2009年4月1日由中国国家标准化管理委员会、国家测绘局联合发布,自发布之日起施行。该规定对地理信息标准化组织机构与职责分工,标准项目的立项,标准的制(修)订、实施与监督等做出了明确的规定。

(12)《基础测绘成果提供使用管理暂行办法》

《基础测绘成果提供使用管理暂行办法》于2006年9月25日,由国家测绘局发布,自发布之日起施行。该办法对基础测绘成果提供、使用的管理机构,使用条件,申请、受理、批准、领取、提供、使用原则,使用情况跟踪检查等做出了具体的规定。

(13)《注册测绘师制度暂行规定》

《注册测绘师制度暂行规定》于2007年1月24日由人事部、国家测绘局联合发布,自2007年3月1日起施行。该规定对注册测绘师的考试办法、资格证书的取得、注册、执业范围、执业能力、权利和义务等做出了明确的规定。

(14)《注册测绘师执业管理办法(试行)》

《注册测绘师执业管理办法(试行)》于2014年7月9日由国家测绘地理信息局发布,自2015年1月1日起施行。该办法是根据《中华人民共和国测绘法》《中华人民共和国行政许可法》《注册测绘师制度暂行规定》等法律法规,在广泛调研基础上制定而成,对注册测绘师的注册程序、执业要求、继续教育和监督管理等做出了明确的规定。

(15)《建立相对独立的平面坐标系统管理办法》

《建立相对独立的平面坐标系统管理办法》于2006年4月12日由国家测绘局发布,自发布之日起施行。该办法对相对独立的平面坐标系统的含义、审批主体、申请、受理、审批程序和期限等做出了具体的规定。

(16)《关于汇交测绘成果目录和副本的实施办法》

《关于汇交测绘成果目录和副本的实施办法》于1993年5月18日由国家测绘局发布,

自发布之日起施行。该办法对汇交的测绘成果类别、汇交主体、期限、接收机构、成果保护和提供等做出了具体的规定。

1.1.4　地方性法规

地方性法规是指由地方立法机关制定或认可的，其效力不能及于全国范围，而只能在地方区域内发生法律效力的规范性法律文件。在我国，地方性法规是一种数量最大的法律文件，包括一般地方性法规与特殊地方性法规。省、自治区、直辖市的人民代表大会及其常务委员会根据本行政区域的具体情况和实际需要，在不与宪法、法律、行政法规相抵触的前提下，可以制定地方性法规。

较大的市的人民代表大会及其常务委员会根据本市的具体情况和实际需要，在不与宪法、法律、行政法规和本省、自治区、直辖市的地方性法规相抵触的前提下，可以制定地方性法规，报省、自治区、直辖市的人民代表大会常务委员会批准后施行。

目前，绝大多数省、自治区、直辖市都制定了测绘地方性法规，多见于各地的测绘管理条例或者实施《测绘法》的相关办法。

1.1.5　地方政府规章

省、自治区、直辖市和较大的市的人民政府，可以根据法律、行政法规和本省、自治区、直辖市的地方性法规，制定规章。地方政府规章应当经政府常务会议或者全体会议决定。地方政府规章由省长、自治区主席或者市长签署命令予以公布。

目前，有一些地方政府制定了测绘方面的政府规章，地方政府规章仅在特定的行政区域内有效。

1.2　我国测绘基本法律制度

《测绘法》是从事测绘活动和进行测绘管理的基本法律。测绘行政法规、部门规章和规范性文件所确定的一些具体制度，是为实施《测绘法》而制定的。《测绘法》确定的基本制度可以划分为测绘管理体制、测绘活动主体资质资格与权利保障制度、测绘项目招投标制度、测绘基准和测绘系统制度、基础测绘制度、维护国家安全和权益的制度、不动产测绘管理制度、地理国情监测制度、测绘标准化和质量管理制度、测绘成果管理制度、测绘基础设施保护制度等。

1.2.1　测绘管理体制

(1) 各级人民政府加强测绘工作领导

《测绘法》第三条规定："测绘事业是经济建设、国防建设、社会发展的基础性事业。各级人民政府应当加强对测绘工作的领导。"

根据该条规定，国务院、省(自治区、直辖市)人民政府、市人民政府、县人民政府以及乡镇人民政府都应当加强对测绘工作的领导。

(2) 测绘地理信息主管部门对测绘工作实行统一监督管理

《测绘法》第四条规定："国务院测绘地理信息主管部门负责全国测绘工作的统一监督管理。国务院其他有关部门按照国务院规定的职责分工，负责本部门有关的测绘工作。县级以上地方人民政府测绘地理信息主管部门负责本行政区域测绘工作的统一监督管理。"

根据该条规定，县级以上人民政府测绘地理信息主管部门应当负责测绘工作的统一监督管理。

(3) 县级以上人民政府其他有关部门分工责任

《测绘法》第四条规定:“县级以上地方人民政府其他有关部门按照本级人民政府规定的职责分工,负责本部门有关的测绘工作。”

(4) 军队测绘主管部门的责任

《测绘法》第四条规定:“军队测绘部门负责管理军事部门的测绘工作,并按照国务院、中央军事委员会规定的职责分工负责管理海洋基础测绘工作。”

1.2.2 测绘活动主体资质资格与权利保障制度

(1) 测绘资质管理制度

《测绘法》第二十七条规定,国家对从事测绘活动的单位实行测绘资质管理制度。从事测绘活动的单位应当具备下列条件,并依法取得相应等级的测绘资质证书,方可从事测绘活动:

① 有法人资格;

② 有与从事的测绘活动相适应的专业技术人员;

③ 有与从事的测绘活动相适应的技术装备和设施;

④ 有健全的技术和质量保证体系、安全保障措施、信息安全保密管理制度以及测绘成果和资料档案管理制度。

《测绘法》第二十八条规定:“国务院测绘地理信息主管部门和省、自治区、直辖市人民政府测绘地理信息主管部门按照各自的职责负责测绘资质审查、发放测绘资质证书。具体办法由国务院测绘地理信息主管部门商国务院其他有关部门规定。军队测绘部门负责军事测绘单位的测绘资质审查。”

《测绘法》第二十九条规定:“测绘单位不得超越资质等级许可的范围从事测绘活动,不得以其他测绘单位的名义从事测绘活动,不得允许其他单位以本单位的名义从事测绘活动。”

《测绘法》第三十二条规定:“测绘单位的测绘资质证书、测绘专业技术人员的执业证书和测绘人员的测绘作业证件的式样,由国务院测绘地理信息主管部门统一规定。”

《测绘法》第五十条规定:“违反本法规定,县级以上人民政府测绘地理信息主管部门或者其他有关部门工作人员利用职务上的便利收受他人财物、其他好处或者玩忽职守,对不符合法定条件的单位核发测绘资质证书,不依法履行监督管理职责,或者发现违法行为不予查处的,对负有责任的领导人员和直接责任人员,依法给予处分;构成犯罪的,依法追究刑事责任。”

《测绘法》第五十五条规定:“违反本法规定,未取得测绘资质证书,擅自从事测绘活动的,责令停止违法行为,没收违法所得和测绘成果,并处测绘约定报酬一倍以上二倍以下的罚款;情节严重的,没收测绘工具。以欺骗手段取得测绘资质证书从事测绘活动的,吊销测绘资质证书,没收违法所得和测绘成果,并处测绘约定报酬一倍以上二倍以下的罚款;情节严重的,没收测绘工具。”

《测绘法》第五十六条规定,违反本法规定,测绘单位有下列行为之一的,责令停止违法行为,没收违法所得和测绘成果,处测绘约定报酬一倍以上二倍以下的罚款,并可以责令停业整顿或者降低测绘资质等级;情节严重的,吊销测绘资质证书:

① 超越资质等级许可的范围从事测绘活动；

② 以其他测绘单位的名义从事测绘活动；

③ 允许其他单位以本单位的名义从事测绘活动。

由以上这些规定可以看出：测绘单位应当依法取得测绘资质证书；测绘行政主管部门应当对测绘单位进行测绘资质审查和核发管理，对未取得测绘资质证书及违反规定从事测绘活动的应当予以处罚。

(2) 测绘执业资格制度

《测绘法》第三十条规定："从事测绘活动的专业技术人员应当具备相应的执业资格条件。具体办法由国务院测绘地理信息主管部门会同国务院人力资源社会保障主管部门规定。"

《测绘法》第三十二条规定："测绘单位的测绘资质证书、测绘专业技术人员的执业证书和测绘人员的测绘作业证件的式样，由国务院测绘地理信息主管部门统一规定。"

《测绘法》第五十九条规定："违反本法规定，未取得测绘执业资格，擅自从事测绘活动的，责令停止违法行为，没收违法所得和测绘成果，对其所在单位可以处违法所得二倍以下的罚款；情节严重的，没收测绘工具；造成损失的，依法承担赔偿责任。"

由以上三条规定可以看出：测绘专业技术人员应当申请取得测绘执业资格；未取得测绘执业资格而从事测绘活动的，应当受到处罚。

(3) 测绘权利保障制度

《测绘法》第三十一条规定："测绘人员进行测绘活动时，应当持有测绘作业证件。任何单位和个人不得阻碍测绘人员依法进行测绘活动。"

《测绘法》第三十二条规定："测绘单位的测绘资质证书、测绘专业技术人员的执业证书和测绘人员的测绘作业证件的式样，由国务院测绘地理信息主管部门统一规定。"

由以上规定可以看出：对持有测绘作业证件的测绘人员从事合法测绘活动时受到《测绘法》的保护。

1.2.3　测绘项目招投标制度

《测绘法》第二十九条规定："测绘单位不得超越资质等级许可的范围从事测绘活动，不得以其他测绘单位的名义从事测绘活动，不得允许其他单位以本单位的名义从事测绘活动。测绘项目实行招投标的，测绘项目的招标单位应当依法在招标公告或者投标邀请书中对测绘单位资质等级做出要求，不得让不具有相应测绘资质等级的单位中标，不得让测绘单位低于测绘成本中标。中标的测绘单位不得向他人转让测绘项目。"

《测绘法》第五十七条规定："违反本法规定，测绘项目的招标单位让不具有相应资质等级的测绘单位中标，或者让测绘单位低于测绘成本中标的，责令改正，可以处测绘约定报酬二倍以下的罚款。招标单位的工作人员利用职务上的便利，索取他人财物，或者非法收受他人财物为他人谋取利益的，依法给予处分；构成犯罪的，依法追究刑事责任。"

《测绘法》第五十八条规定："违反本法规定，中标的测绘单位向他人转让测绘项目的，责令改正，没收违法所得，处测绘约定报酬一倍以上二倍以下的罚款，并可以责令停业整顿或者降低测绘资质等级；情节严重的，吊销测绘资质证书。"

由这些规定可以看出：测绘项目的招标、中标单位当事人均应当依法进行招投标活动；测绘行政主管部门应当对测绘项目招投标活动进行监督，依法查处违法行为。

除《测绘法》外,《中华人民共和国招标投标法》也赋予了测绘行政主管部门在测绘项目招投标活动中的监督管理责任,包括监督检查招标、投标活动,审查招标投标情况的书面报告,查处招投标过程中违法行为等。

1.2.4 测绘基准和测绘系统制度

(1) 测绘基准和测绘系统

《测绘法》第九条规定:"国家设立和采用全国统一的大地基准、高程基准、深度基准和重力基准,其数据由国务院测绘地理信息主管部门审核,并与国务院其他有关部门、军队测绘部门会商后,报国务院批准。"

《测绘法》第十条规定:"国家建立全国统一的大地坐标系统、平面坐标系统、高程系统、地心坐标系统和重力测量系统,确定国家大地测量等级和精度以及国家基本比例尺地图的系列和基本精度。具体规范和要求由国务院测绘地理信息主管部门会同国务院其他有关部门、军队测绘部门制定。"

以上两条规定具体包括以下三层含义:一是国家设立全国统一的测绘基准和测绘系统;二是设立测绘基准要有严格的审核审批程序,测绘系统也有具体的规范和要求;三是从事测绘活动应当采用国家规定的测绘基准和测绘系统。

(2) 相对独立的平面坐标系统

《测绘法》第十一条规定:"因建设、城市规划和科学研究的需要,国家重大工程项目和国务院确定的大城市确需建立相对独立的平面坐标系统的,由国务院测绘地理信息主管部门批准;其他确需建立相对独立的平面坐标系统的,由省、自治区、直辖市人民政府测绘地理信息主管部门批准。建立相对独立的平面坐标系统,应当与国家坐标系统相联系。"

《测绘法》第五十二条规定:"违反本法规定,未经批准擅自建立相对独立的平面坐标系统,或者采用不符合国家标准的基础地理信息数据建立地理信息系统的,给予警告,责令改正,可以并处五十万元以下的罚款;对直接负责的主管人员和其他直接责任人员,依法给予处分。"

由上述规定可以看出:建立和使用相对独立的平面坐标系统,必须经过测绘行政主管部门的批准,否则将受到处罚。

(3) 卫星导航定位基准服务系统

《测绘法》第十二条规定:"国务院测绘地理信息主管部门和省、自治区、直辖市人民政府测绘地理信息主管部门应当会同本级人民政府其他有关部门,按照统筹建设、资源共享的原则,建立统一的卫星导航定位基准服务系统,提供导航定位基准信息公共服务。"

《测绘法》第十三条规定:"建设卫星导航定位基准站的,建设单位应当按照国家有关规定报国务院测绘地理信息主管部门或者省、自治区、直辖市人民政府测绘地理信息主管部门备案。国务院测绘地理信息主管部门应当汇总全国卫星导航定位基准站建设备案情况,并定期向军队测绘部门通报。"

《测绘法》第十四条规定:"卫星导航定位基准站的建设和运行维护应当符合国家标准和要求,不得危害国家安全。卫星导航定位基准站的建设和运行维护单位应当建立数据安全保障制度,并遵守保密法律、行政法规的规定。县级以上人民政府测绘地理信息主管部门应当会同本级人民政府其他有关部门,加强对卫星导航定位基准站建设和运行维护的规范和指导。"

《测绘法》第五十三条规定:“违反本法规定,卫星导航定位基准站建设单位未报备案的,给予警告,责令限期改正;逾期不改正的,处十万元以上三十万元以下的罚款;对直接负责的主管人员和其他直接责任人员,依法给予处分。”

《测绘法》第五十四条规定:“违反本法规定,卫星导航定位基准站的建设和运行维护不符合国家标准、要求的,给予警告,责令限期改正,没收违法所得和测绘成果,并处三十万元以上五十万元以下的罚款;逾期不改正的,没收相关设备;对直接负责的主管人员和其他直接责任人员,依法给予处分;构成犯罪的,依法追究刑事责任。”

由上述规定可以看出:国家建立统一的卫星导航定位基准服务系统,提供导航定位基准信息公共服务,并就建立基准站建设备案制度,基准站的运行维护、安全标准,以及违反规定的处罚等进行了规范。

1.2.5 基础测绘制度

(1) 基础测绘分级管理

《测绘法》第十五条规定:“基础测绘是公益性事业。国家对基础测绘实行分级管理。”

根据该条规定可以看出:国家的基础测绘应当是一个完整的体系,采用县级以上人民政府分级管理的办法。

(2) 基础测绘规划编制

《测绘法》第十六条规定:“国务院测绘地理信息主管部门会同国务院其他有关部门、军队测绘部门组织编制全国基础测绘规划,报国务院批准后组织实施。县级以上地方人民政府测绘地理信息主管部门会同本级人民政府其他有关部门,根据国家和上一级人民政府的基础测绘规划及本行政区域的实际情况,组织编制本行政区域的基础测绘规划,报本级人民政府批准后组织实施。”

《测绘法》第十七条规定:“军队测绘部门负责编制军事测绘规划,按照国务院、中央军事委员会规定的职责分工负责编制海洋基础测绘规划,并组织实施。”

由上述规定可以看出:基础测绘应当编制规划,国家的基础测绘规划应当报国务院批准后实施。省(自治区、直辖市)、市、县的测绘规划应当经本级政府批准后实施。海洋基础测绘规划由军队测绘部门负责编制并组织实施。

(3) 基础测绘列入国民经济和社会发展年度计划及财政预算

《测绘法》第十八条规定:“县级以上人民政府应当将基础测绘纳入本级国民经济和社会发展年度计划,将基础测绘工作所需经费列入本级政府预算。”

由该条规定可以看出:国务院、省(自治区、直辖市)、市、县人民政府需要将基础测绘纳入国民经济和社会发展年度计划和财政预算。

(4) 基础测绘年度计划编制

《测绘法》第十八条规定:“国务院发展改革部门会同国务院测绘地理信息主管部门,根据全国基础测绘规划编制全国基础测绘年度计划。县级以上地方人民政府发展改革部门会同本级人民政府测绘地理信息主管部门,根据本行政区域的基础测绘规划编制本行政区域的基础测绘年度计划,并分别报上一级部门备案。”

由该条规定可以看出:应当编制基础测绘年度计划,编制年度计划要符合基础测绘规划的要求,下级基础测绘年度计划需报上级备案。

(5) 基础测绘成果更新

《测绘法》第十九条规定："基础测绘成果应当定期更新，经济建设、国防建设、社会发展和生态保护急需的基础测绘成果应当及时更新。基础测绘成果的更新周期根据不同地区国民经济和社会发展的需要确定。"

由该条规定可以看出：应对基础测绘成果定期更新，更新周期根据地区国民经济和社会发展的需要确定。

1.2.6 维护国家安全和权益的制度

（1）外国组织或个人来华测绘

《测绘法》第八条规定："外国的组织或者个人在中华人民共和国领域和中华人民共和国管辖的其他海域从事测绘活动，应当经国务院测绘地理信息主管部门会同军队测绘部门批准，并遵守中华人民共和国有关法律、行政法规的规定。外国的组织或者个人在中华人民共和国领域从事测绘活动，应当与中华人民共和国有关部门或者单位合作进行，并不得涉及国家秘密和危害国家安全。"

《测绘法》第五十一条规定："违反本法规定，外国的组织或者个人未经批准，或者未与中华人民共和国有关部门、单位合作，擅自从事测绘活动的，责令停止违法行为，没收违法所得、测绘成果和测绘工具，并处十万元以上五十万元以下的罚款；情节严重的，并处五十万元以上一百万元以下的罚款，限期出境或者驱逐出境；构成犯罪的，依法追究刑事责任。"

（2）测绘成果的保密

《测绘法》第三十四条规定："测绘成果保管单位应当采取措施保障测绘成果的完整和安全，并按照国家有关规定向社会公开和提供利用。测绘成果属于国家秘密的，适用保密法律、行政法规的规定；需要对外提供的，按照国务院和中央军事委员会规定的审批程序执行。测绘成果的秘密范围和秘密等级，应当依照保密法律、行政法规的规定，按照保障国家秘密安全、促进地理信息共享和应用的原则确定并及时调整、公布。"

（3）国界线测绘

《测绘法》第二十条规定："中华人民共和国国界线的测绘，按照中华人民共和国与相邻国家缔结的边界条约或者协定执行，由外交部组织实施。中华人民共和国地图的国界线标准样图，由外交部和国务院测绘地理信息主管部门拟定，报国务院批准后公布。"

（4）行政区域界线测绘

《测绘法》第二十一条规定："行政区域界线的测绘，按照国务院有关规定执行。省、自治区、直辖市和自治州、县、自治县、市行政区域界线的标准画法图，由国务院民政部门和国务院测绘地理信息主管部门拟定，报国务院批准后公布。"

（5）地图管理

《测绘法》第三十八条规定："地图的编制、出版、展示、登载及更新应当遵守国家有关地图编制标准、地图内容表示、地图审核的规定。互联网地图服务提供者应当使用经依法审核批准的地图，建立地图数据安全管理制度，采取安全保障措施，加强对互联网地图新增内容的核校，提高服务质量。县级以上人民政府和测绘地理信息主管部门、网信部门等有关部门应当加强对地图编制、出版、展示、登载和互联网地图服务的监督管理，保证地图质量，维护国家主权、安全和利益。地图管理的具体办法由国务院规定。"

《测绘法》第六十二条规定："违反本法规定，编制、出版、展示、登载、更新的地图或者互联网地图服务不符合国家有关地图管理规定的，依法给予行政处罚、处分；构成犯罪的，依法追究刑事责任。”

1.2.7　不动产测绘管理制度

《测绘法》第二十二条规定：“县级以上人民政府测绘地理信息主管部门应当会同本级人民政府不动产登记主管部门，加强对不动产测绘的管理。测量土地、建筑物、构筑物和地面其他附着物的权属界址线，应当按照县级以上人民政府确定的权属界线的界址点、界址线或者提供的有关登记资料和附图进行。权属界址线发生变化的，有关当事人应当及时进行变更测绘。”

1.2.8　地理国情监测制度

《测绘法》第二十六条规定：“县级以上人民政府测绘地理信息主管部门应当会同本级人民政府其他有关部门依法开展地理国情监测，并按照国家有关规定严格管理、规范使用地理国情监测成果。各级人民政府应当采取有效措施，发挥地理国情监测成果在政府决策、经济社会发展和社会公众服务中的作用。”

1.2.9　测绘标准化和质量管理制度

（1）测绘标准化

对测绘标准化和规范化方面的行政管理活动，《中华人民共和国标准化法》和《中华人民共和国计量法》中均有相关的规定，测绘行政管理部门在测绘标准化和规范化管理中应当承担必要的责任。

《测绘法》第十条规定：“国家建立全国统一的大地坐标系统、平面坐标系统、高程系统、地心坐标系统和重力测量系统，确定国家大地测量等级和精度以及国家基本比例尺地图的系列和基本精度。具体规范和要求由国务院测绘地理信息主管部门会同国务院其他有关部门、军队测绘部门制定。”

《测绘法》第二十三条规定：“城乡建设领域的工程测量活动，与房屋产权、产籍相关的房屋面积的测量，应当执行由国务院住房城乡建设主管部门、国务院测绘地理信息主管部门组织编制的测量技术规范。水利、能源、交通、通信、资源开发和其他领域的工程测量活动，应当执行国家有关的工程测量技术规范。”

根据上述两条规定，可以发现《测绘法》做出了一些特别的规定：

① 国家统一确定大地测量等级和精度；

② 国家统一确定国家基本比例尺地图的系列和基本精度；

③ 国家制定工程测量规范；

④ 国家制定房产测量规范。

（2）测绘成果质量管理制度

《测绘法》第三十九条规定：“测绘单位应当对完成的测绘成果质量负责。县级以上人民政府测绘地理信息主管部门应当加强对测绘成果质量的监督管理。”

《测绘法》第六十三条规定：“违反本法规定，测绘成果质量不合格的，责令测绘单位补测或者重测；情节严重的，责令停业整顿，并处降低测绘资质等级或者吊销测绘资质证书；造成损失的，依法承担赔偿责任。”

1.2.10　测绘成果管理制度

（1）测绘成果的汇交

《测绘法》第三十三条规定：“国家实行测绘成果汇交制度。国家依法保护测绘成果的知识产权。测绘项目完成后，测绘项目出资人或者承担国家投资的测绘项目的单位，应当向国务院测绘地理信息主管部门或者省、自治区、直辖市人民政府测绘地理信息主管部门汇交测绘成果资料。属于基础测绘项目的，应当汇交测绘成果副本；属于非基础测绘项目的，应当汇交测绘成果目录。负责接收测绘成果副本和目录的测绘地理信息主管部门应当出具测绘成果汇交凭证，并及时将测绘成果副本和目录移交给保管单位。测绘成果汇交的具体办法由国务院规定。”

《测绘法》第六十条规定：“违反本法规定，不汇交测绘成果资料的，责令限期汇交；测绘项目出资人逾期不汇交的，处重测所需费用一倍以上二倍以下的罚款；承担国家投资的测绘项目的单位逾期不汇交的，处五万元以上二十万元以下的罚款，并处暂扣测绘资质证书，自暂扣测绘资质证书之日起六个月内仍不汇交的，吊销测绘资质证书；对直接负责的主管人员和其他直接责任人员，依法给予处分。”

（2）测绘成果的公开

《测绘法》第三十三条规定：“国务院测绘地理信息主管部门和省、自治区、直辖市人民政府测绘地理信息主管部门应当及时编制测绘成果目录，并向社会公布。”

《测绘法》第三十四条规定：“县级以上人民政府测绘地理信息主管部门应当积极推进公众版测绘成果的加工和编制工作，通过提供公众版测绘成果、保密技术处理等方式，促进测绘成果的社会化应用。测绘成果保管单位应当采取措施保障测绘成果的完整和安全，并按照国家有关规定向社会公开和提供利用。测绘成果属于国家秘密的，适用保密法律、行政法规的规定；需要对外提供的，按照国务院和中央军事委员会规定的审批程序执行。测绘成果的秘密范围和秘密等级，应当依照保密法律、行政法规的规定，按照保障国家秘密安全、促进地理信息共享和应用的原则确定并及时调整、公布。”

（3）测绘成果的提供和使用

《测绘法》第三十六条规定：“基础测绘成果和国家投资完成的其他测绘成果，用于政府决策、国防建设和公共服务的，应当无偿提供。除前款规定情形外，测绘成果依法实行有偿使用制度。但是，各级人民政府及有关部门和军队因防灾减灾、应对突发事件、维护国家安全等公共利益的需要，可以无偿使用。测绘成果使用的具体办法由国务院规定。”

（4）重要地理信息数据的审核公布

《测绘法》第三十七条规定：“中华人民共和国领域和中华人民共和国管辖的其他海域的位置、高程、深度、面积、长度等重要地理信息数据，由国务院测绘地理信息主管部门审核，并与国务院其他有关部门、军队测绘部门会商后，报国务院批准，由国务院或者国务院授权的部门公布。”

《测绘法》第六十一条规定：“违反本法规定，擅自发布中华人民共和国领域和中华人民共和国管辖的其他海域的重要地理信息数据的，给予警告，责令改正，可以并处五十万元以下的罚款；对直接负责的主管人员和其他直接责任人员，依法给予处分；构成犯罪的，依法追究刑事责任。”

1.2.11 测绘基础设施保护制度

在《测绘法》第七章中，重点对测量标志的保护做了规定。

（1）建设测量标志设立明显标记并委托保管

《测绘法》第四十二条规定：“永久性测量标志的建设单位应当对永久性测量标志设立明

显标记，并委托当地有关单位指派专人负责保管。”

（2）使用测量标志必须出示作业证

《测绘法》第四十四条规定：“测绘人员使用永久性测量标志，应当持有测绘作业证件，并保证测量标志的完好。保管测量标志的人员应当查验测量标志使用后的完好状况。”

（3）严禁损毁或擅自移动测量标志

《测绘法》第四十一条规定：“任何单位和个人不得损毁或者擅自移动永久性测量标志和正在使用中的临时性测量标志，不得侵占永久性测量标志用地，不得在永久性测量标志安全控制范围内从事危害测量标志安全和使用效能的活动。”

《测绘法》第六十四条规定，违反本法规定，有下列行为之一的，给予警告，责令改正，可以并处二十万元以下的罚款；对直接负责的主管人员和其他直接责任人员，依法给予处分；造成损失的，依法承担赔偿责任；构成犯罪的，依法追究刑事责任：

① 损毁、擅自移动永久性测量标志或者正在使用中的临时性测量标志；

② 侵占永久性测量标志用地；

③ 在永久性测量标志安全控制范围内从事危害测量标志安全和使用效能的活动；

④ 擅自拆迁永久性测量标志或者使永久性测量标志失去使用效能，或者拒绝支付迁建费用；

⑤ 违反操作规程使用永久性测量标志，造成永久性测量标志毁损。

（4）永久性测量标志的拆迁审批

《测绘法》第四十三条规定：“进行工程建设，应当避开永久性测量标志；确实无法避开，需要拆迁永久性测量标志或者使永久性测量标志失去使用效能的，应当经省、自治区、直辖市人民政府测绘地理信息主管部门批准；涉及军用控制点的，应当征得军队测绘部门的同意。所需迁建费用由工程建设单位承担。”

（5）测量标志保护工作

《测绘法》第四十五条规定：“县级以上人民政府应当采取有效措施加强测量标志的保护工作。县级以上人民政府测绘地理信息主管部门应当按照规定检查、维护永久性测量标志。乡级人民政府应当做好本行政区域内的测量标志保护工作。”

1.3　相关法律法规

（1）《中华人民共和国行政许可法》

《中华人民共和国行政许可法》（以下简称《行政许可法》）于 2003 年 8 月 27 日由第十届全国人民代表大会常务委员会第四次会议通过，自 2004 年 7 月 1 日起施行。

《行政许可法》是一部规范行政许可的设定和实施的法律，对保护公民、法人和其他组织的合法权益，维护公共利益和社会秩序，保障和监督行政机关有效实施行政管理，都具有重要意义。该法对行政许可的原则、设定、实施机关、实施程序、监督检查等做出了具体的规定。

在测绘活动和测绘管理中，也涉及一些行政许可事项，如资质审批、地图审核、建立相对独立平面坐标系统审批等，这些行政许可的设定和实施要符合《行政许可法》的规定。

（2）《中华人民共和国招标投标法》

《中华人民共和国招标投标法》(以下简称《招标投标法》)于1999年8月30日由第九届全国人民代表大会常务委员会第十一次会议通过,自2000年1月1日起施行。2017年12月27日由第十二届全国人民代表大会常务委员会第三十一次会议第四次修订。

《招标投标法》是国家用来规范招标投标活动、调整在招标投标过程中产生的各种关系的法律。其中,对招标投标活动遵循的原则、招标、投标、开标、评标、中标等做出了具体的规定。

(3)《中华人民共和国计量法》

《中华人民共和国计量法》(以下简称《计量法》)于1985年9月6日由第六届全国人民代表大会常务委员会第十二次会议通过,自1986年7月1日起施行。2017年12月27日由第十二届全国人民代表大会常务委员会第三十一次会议第四次修订。

《计量法》对计量工作的管理、计量基准器具、计量标准器具和计量检定、计量器具的制造和修理,计量监督,法律责任等做出了具体的规定。

(4)《中华人民共和国合同法》

《中华人民共和国合同法》(以下简称《合同法》)于1999年3月15日由第九届全国人民代表大会第二次会议通过,自1999年10月1日起施行。

《合同法》是规范各类合同的订立和履行、规范市场交易的法律,对于及时解决经济纠纷、保护当事人的合法权益、维护社会主义市场经济秩序,具有十分重要的作用。其中,对合同订立和履行的基本原则、合同订立的形式和内容、合同订立的程序和方法、合同的效力、合同的履行、合同的变更和转让、合同的权利义务终止、违约责任等做出了明确的规定。

(5)《中华人民共和国标准化法》

《中华人民共和国标准化法》(以下简称《标准化法》)于1988年12月29日由中华人民共和国第七届全国人民代表大会常务委员会第五次会议通过,2017年11月4日由第十二届全国人民代表大会常务委员会第三十次会议修订,并自2018年1月1日起施行。

《标准化法》确定了我国的标准体系和标准化管理体制,规定了制定标准的对象与原则以及实施标准的要求,明确了违法行为的法律责任和处罚办法。《标准化法》是国家推行标准化、实施标准化管理和监督的重要依据。

(6)《中华人民共和国反不正当竞争法》

《中华人民共和国反不正当竞争法》(以下简称《反不正当竞争法》)于1993年9月2日由第八届全国人民代表大会常务委员会第三次会议通过,2017年11月4日由第十二届全国人民代表大会常务委员会第三十次会议修订,并自2018年1月1日起施行。

《反不正当竞争法》是保障社会主义市场经济健康发展,鼓励和保护公平竞争,制止不正当竞争行为,保护经营者和消费者的合法权益的法律。其中,对经营者在市场交易活动中遵循的原则、不正当竞争行为的种类、对不正当竞争行为的监督检查、对不正当竞争行为的处罚等做出了明确的规定。

(7)《中华人民共和国保守国家秘密法》

《中华人民共和国保守国家秘密法》(以下简称《保守国家秘密法》)于1988年9月5日由第七届全国人民代表大会常务委员会第三次会议通过,2010年4月29日由第十一届全国人民代表大会常务委员会第十四次会议修订,自2010年10月1日起施行。

《保守国家秘密法》对保密工作管理体制、单位和个人的保密义务、国家秘密范围和密级、保密制度、法律责任等做出了具体的规定。

(8)《中华人民共和国物权法》

《中华人民共和国物权法》(以下简称《物权法》)于2007年3月16日由第十届全国人民代表大会第五次会议通过,自2007年10月1日起施行。

《物权法》是为了维护国家基本经济制度,维护社会主义市场经济秩序,明确物的归属,发挥物的效用,保护权利人的物权,根据宪法制定的法律。其中,对于物权的设立、变更、转让和消灭,物权保护,物权的种类和内容等做出了具体的规定。在这部法律中规定的不动产物权登记制度等是地籍测绘、房产测绘的根据和服务对象。

(9)《中华人民共和国土地管理法》

《中华人民共和国土地管理法》(以下简称《土地管理法》)于1986年6月25日由第六届全国人民代表大会常务委员会第十六次会议通过,自1987年1月1日起施行。2004年8月28日由第十届全国人民代表大会常务委员会第十一次会议修订,并自公布之日起施行。

《土地管理法》是指国家运用法律和行政的手段对土地财产制度和土地资源的合理利用所进行的管理活动予以规范的各种法律规范的总称。土地管理是测绘工作重要的服务对象。

(10)《中华人民共和国城市房地产管理法》

《中华人民共和国城市房地产管理法》(以下简称《城市房地产管理法》)于1994年7月5日由第八届全国人民代表大会常务委员会第八次会议通过,自1995年1月1日起施行。2007年8月30日由第十届全国人民代表大会常务委员会第二十九次会议修订,并自公布之日起施行。

《城市房地产管理法》是为了加强对城市房地产的管理,维护房地产市场秩序,保障房地产权利人的合法权益,促进房地产业的健康发展而制定的。对房地产开发用地,土地使用权出让,土地使用权划拨,房地产开发、交易、转让、抵押,房地产权属登记管理等做出了具体的规定。

(11)《互联网信息服务管理办法》

《互联网信息服务管理办法》于2000年9月20日由国务院第三十一次常务会议通过,自2000年9月25日公布施行。《互联网信息服务管理办法》是为了规范互联网信息服务活动,促进互联网信息服务健康有序发展而制定,对互联网信息服务的定义、分类、管理等做出了具体的规定。

(12)《行政区域界线管理条例》

《行政区域界线管理条例》于2002年5月13日由国务院予以公布,自2002年7月1日起施行。其中,对行政区域界线的确定、管理、勘定、测绘、公布、检查、归档,行政区域界线标准详图的绘制和使用等做出了明确的规定。

本章小结

本章重点介绍了我国测绘管理基本法律制度。通过本章的学习,学生应能具备测绘法律的基本知识,掌握《测绘法》的基本条文和内容,熟悉我国测绘法律法规的现状,并熟悉各项法律制度的基本内容。

习　题

一、简答题

1. 新修订的《测绘法》共有多少章，分别包含哪些内容？
2. 目前，我国测绘行政法规主要有哪些？

二、单选题

1. 新修订的《测绘法》于 2017 年 4 月 27 日由第十二届全国人民代表大会常务委员会第二十七次会议第二次修订，自(　　)起施行。

   A. 2017 年 7 月 1 日　　B. 2017 年 5 月 1 日

   C. 2017 年 8 月 1 日　　D. 2017 年 9 月 1 日

2. 《注册测绘师制度暂行规定》于 2007 年 1 月 24 日由人事部、国家测绘局联合发布，自(　　)起施行。

   A. 2007 年 2 月 1 日　　B. 2007 年 3 月 1 日

   C. 2007 年 4 月 1 日　　D. 2007 年 5 月 1 日

3. 《测绘法》中规定，建设卫星导航定位基准站的，建设单位应当按照国家有关规定报国务院测绘地理信息主管部门或者省、自治区、直辖市人民政府测绘地理信息主管部门备案。卫星导航定位基准站建设单位未报备案的，给予警告，责令限期改正；逾期不改正的，处(　　)的罚款。

   A. 十万元以上三十万元以下　　B. 十万元以上二十万元以下

   C. 五万元以上十万元以下　　D. 十万元以上五十万元以下

第 2 章　测绘资质资格

2.1　测绘资质管理

2.1.1　测绘资质管理的概念

（1）测绘资质

测绘资质是指测绘单位从事测绘活动的素质和能力，包括人员素质、仪器设备等物质条件及生产能力、业绩等。

从事测绘活动的单位应具备相应的素质和能力：

① 从事测绘活动的单位具有企业或者事业单位法人资格。

② 从事测绘活动单位的相关人员必须具备测绘专业技术素质。

③ 从事测绘活动的单位必须具备必要的仪器设备。

④ 从事测绘活动的单位必须具备健全的技术和质量保证体系。

⑤ 从事测绘活动的单位必须具备健全的安全保障措施、信息安全保密管理制度以及测绘成果和资料档案管理制度。

⑥ 从事测绘活动的单位要具备一定的测绘生产能力。

⑦ 从事测绘活动的单位的主体性质要符合我国法律规定。

（2）测绘资质管理

测绘资质管理是指国家对测绘资质制定具体的规定，对从事测绘活动的单位进行测绘资质审查、发放测绘资质证书、检验测绘资质、依法对测绘活动进行监督、查处无资质测绘等行政行为。实行测绘资质管理制度的目的在于保证从事测绘活动的单位具有完成测绘任务的合法资格，从而保证测绘成果的科学性和可靠性，维护测绘市场秩序，保护测绘市场公平竞争。

① 测绘资质管理是一项法定制度

《测绘法》第二十七条规定："国家对从事测绘活动的单位实行测绘资质管理制度。"要求从事测绘活动的单位应当具备一定的条件，并依法取得相应等级的测绘资质证书后，然后方可从事测绘活动。

② 测绘资质实行统一监督管理

一是测绘资质条件统一规定；二是资质管理的具体办法统一规定；三是测绘资质证书的式样统一规定；四是统一由测绘地理信息主管部门进行测绘资质审查和统一颁发资质证书；五是统一监督执法（例外：军事测绘单位的资质审查由军队测绘部门负责）。

③ 测绘资质管理制度是一项行政许可制度

行政许可是指行政主体根据行政相对方的申请，经依法审查，通过颁发许可证、执照等形式，赋予或确认行政相对方从事某种活动的法律资格或法律权利的一种具体行政行为。

测绘是一个特殊的行业，涉及公共利益、公共安全和国家安全，只有符合一定条件的主体才能够获得相应的权利和资格，测绘单位从事测绘活动的权利是国家赋予的，是有限的，没有得到国家许可，不能从事测绘活动。《测绘法》明确规定了对从事测绘活动的单位需要进行资质审查制度，即一般情况下禁止任何单位和个人从事测绘活动，只有通过国务院测绘地理信息主管部门和省、自治区、直辖市人民政府测绘地理信息主管部门资质审查并领取测绘资质证书的单位才会获得权利和资格。

2.1.2 测绘资质管理的原则

（1）依法原则

由于测绘资质管理制度直接关系公民、法人和其他组织的权利，因此制定具体办法必须符合有关法律的规定，以《测绘法》《行政许可法》等法律法规为依据来实施这项制度。

（2）统一管理原则

我国社会主义市场经济发展、测绘事业发展、行政管理体制改革、测绘行业客观情况等均要求对测绘资质实行统一管理，从而可以避免多头管理导致的市场混乱、不公平竞争、增加测绘单位负担等弊端。

（3）公开、透明原则

设定测绘资质审查的条件、程序，都必须公开、透明。

（4）公正、公平原则

设定和实施测绘资质审查，必须平等对待同等条件的个人和组织，不得歧视。

（5）便民、高效原则

设定测绘资质审查程序时，必须体现方便申请人、提高行政效率的要求。

（6）救济原则

在实施测绘资质审查时，申请人有权陈述、申辩、依法请求听证、申请复议和提起诉讼等。

（7）诚实信用、信赖保护原则

政府在行政活动中要求具有真实性、稳定性，不能变化无常，不能溯及既往。行政机关不得随意变更或撤销测绘资质。因公共利益的需要，必须变更或撤销测绘资质的，行政机关应负责补偿损失。

（8）监督与责任原则

测绘资质审查要与行政机关的责任挂钩、利益脱钩，做到谁审批、谁监督、谁负责。行政机关不履行监督责任或监督不力，甚至滥用职权、以权谋私的，均应承担法律责任。

2.1.3 测绘资质等级和专业范围

按照从事测绘活动单位的规模、管理水平、能力的大小，将测绘资质分为甲、乙、丙、丁四个等级。其中，甲级最高，丁级最低。

测绘资质的专业范围划分为：大地测量、测绘航空摄影、摄影测量与遥感、地理信息系统工程、工程测量、不动产测绘、海洋测绘、地图编制、导航电子地图制作、互联网地图服务。测绘资质各专业范围的等级划分及其考核条件由《测绘资质分级标准》规定。

2.1.4 测绘资质审批机关

（1）国家测绘地理信息局

国家测绘地理信息局负责审查甲级测绘资质申请，并做出行政许可决定。

(2) 省级测绘地理信息行政主管部门

省级测绘地理信息行政主管部门负责受理和审查乙、丙、丁级测绘资质申请，并做出行政许可决定；负责受理甲级测绘资质申请，并提出初步审查意见。

(3) 市级测绘地理信息行政主管部门

市级测绘地理信息行政主管部门负责接受省级测绘地理信息行政主管部门委托，受理本行政区域内乙、丙、丁级测绘资质申请，并提出初步审查意见。

(4) 县级测绘地理信息行政主管部门

县级测绘地理信息行政主管部门负责接受省级测绘地理信息行政主管部门委托，受理本行政区域内丁级测绘资质申请，并提出初步审查意见。

2.1.5 测绘资质申请与审批

(1) 申请

初次申请测绘资质和申请测绘资质升级的，需要提交测绘资质申请表，企业法人营业执照或者事业单位法人证书，法定代表人的简历及任命或者聘任文件，符合规定数量的专业技术人员的任职资格证书、任命或者聘用文件、劳动合同、社会保险缴纳证明、毕业证书、身份证等证明材料，当年单位在职专业技术人员名册，符合省级以上测绘地理信息主管部门认可的测绘仪器检定单位出具的检定证书、购买发票、调拨单等证明材料，测绘质量保证体系、测绘成果及资料档案管理制度，测绘生产和成果的保密管理制度、管理人员、工作机构和基本设施等证明，单位住所及办公场所证明，反映本单位技术水平的测绘业绩及获奖证明(初次申请测绘资质可不提供)，其他应当提供的材料。

测绘单位申请变更业务范围或升级的，应当提供测绘资质申请表，符合省级以上测绘地理信息主管部门认可的测绘仪器检定单位出具的检定证书、购买发票、调拨单等证明材料，反映本单位技术水平的测绘业绩及获奖证明(初次申请测绘资质可不提供)，相应专业技术人员的任职资格证书、任命或者聘用文件、劳动合同、社会保险缴纳证明、毕业证书、身份证等证明材料。

初次申请测绘资质不得超过乙级。测绘资质单位申请晋升甲级测绘资质的，应当取得乙级测绘资质满2年。申请的专业范围只设甲级的，不受前款规定限制。

(2) 受理、审查、发证

测绘资质审批机关应当自收到申请材料之日起5个工作日内做出受理决定。申请单位涉嫌违法测绘被立案调查的，案件结案前，不受理其测绘资质申请。

测绘资质申请受理后，测绘资质审批机关应当自受理申请之日起20个工作日内做出审批决定。20个工作日内不能做出决定的，经测绘资质审批机关领导批准，可以延长10个工作日，并应当将延长期限的理由告知申请单位。

申请单位符合法定条件的，测绘资质审批机关做出拟准予行政许可的决定，通过本机关网站向社会公示5个工作日。并于做出正式准予行政许可之日起10个工作日内向申请单位颁发测绘资质证书。测绘资质审批机关做出不予行政许可决定，应当向申请单位书面说明理由。

(3) 测绘资质证书

测绘资质证书分为正本和副本，由国家测绘地理信息局统一印制，正、副本具有同等法律效力。测绘资质证书有效期不超过5年。编号形式为:等级+测资字+省级行政区编号+顺序号+校验位。

测绘资质证书有效期满需要延续的,测绘资质单位应当在有效期满60日前,向测绘资质审批机关申请办理延续手续。对继续符合测绘资质条件的单位,经测绘资质审批机关批准,有效期可以延续。

(4) 测绘资质单位变更

测绘资质单位的名称、注册地址、法定代表人发生变更的,应当在有关部门核准完成变更后30日内,向测绘资质审批机关提出变更申请。

测绘资质单位转制或者合并的,被转制或者合并单位的测绘资质条件可以计入转制或者合并后的新单位。

测绘资质单位分立的,分立后的单位可以重新申请原资质等级和专业范围的测绘资质。

(5) 测绘资质证书的换新和补证

测绘资质单位在领取新的测绘资质证书的同时,应当将原测绘资质证书交回测绘资质审批机关。

测绘资质单位遗失测绘资质证书申请补领的,应当持在公众媒体上刊登的遗失声明原件、补领证书申请等材料到测绘资质审批机关办理补领手续。

2.1.6 测绘资质监督管理

(1) 实行测绘资质年度报告公示制度

测绘资质单位应当于每年2月底前,通过测绘资质管理信息系统,按照规定格式向测绘地理信息行政主管部门报送本单位上一年度测绘资质年度报告,并向社会公示,任何单位和个人均可查询。

测绘资质年度报告内容包括本单位符合测绘资质条件、遵守测绘地理信息法律法规、上一年度单位名称、注册地址、办公地址和法定代表人变更、专业技术人员流动、仪器设备更新、基本情况变化(含上市、兼并重组、改制分立、重大股权变化等)、测绘地理信息统计报表报送情况、测绘项目质量(用户认可或者通过质检机构检查验收)、诚信等级等情况。测绘资质单位应当对测绘资质年度报告的真实性、合法性负责。

各级测绘地理信息行政主管部门可以对本行政区域内测绘资质单位的测绘资质年度报告公示内容进行抽查。经检查发现测绘资质年度报告隐瞒真实情况、弄虚作假的,测绘地理信息行政主管部门依法予以相应处罚。对未按规定期限报送测绘资质年度报告的单位,测绘地理信息行政主管部门应当提醒其履行测绘资质年度报告公示义务。

(2) 实行测绘资质巡查制度

各级测绘地理信息行政主管部门应当有计划地对测绘资质单位执行《测绘资质管理规定》和《测绘资质分级标准》的有关情况进行巡查。

国家测绘地理信息局负责指导全国测绘资质巡查工作,并对省级测绘地理信息行政主管部门开展的巡查工作进行抽查。省级测绘地理信息行政主管部门负责制订本行政区域内测绘资质巡查工作计划,并组织实施。每年巡查比例不少于本行政区域内各等级测绘资质单位总数的5%。各级测绘地理信息行政主管部门组织开展测绘资质巡查工作,应当事先向被巡查单位发出书面通知,告知巡查时间、巡查内容和具体要求。巡查结束后,应当向被巡查单位书面反馈意见。

(3) 实行测绘地理信息市场信用管理制度

各级测绘地理信息行政主管部门应当加强测绘地理信息市场信用管理，褒扬诚信，惩戒失信，营造依法经营、有序竞争的市场环境。

测绘资质单位违法从事测绘活动被依法查处的，查处违法行为的测绘地理信息行政主管部门应当将违法事实、处理结果报告上级测绘地理信息行政主管部门和测绘资质审批机关。

2.1.7　测绘资质管理的法律责任

测绘资质单位违法从事测绘活动的，各级测绘地理信息行政主管部门应当依照《测绘法》及其他有关法律、法规的规定予以处罚。

(1) 通报批评

测绘资质单位有下列情形之一的，予以通报批评：

① 在测绘资质申请和日常监督管理中隐瞒有关情况、提供虚假材料或者拒绝提供反映其测绘活动情况的真实材料的；

② 两年未履行测绘资质年度报告公示义务的；

③ 测绘地理信息市场信用等级评定为不合格的。

(2) 停业整顿或者降低资质等级

测绘资质单位有下列情形之一的，应当依法视情节责令停业整顿或者降低资质等级：

① 超越资质等级许可的范围从事测绘活动的；

② 以其他测绘资质单位的名义从事测绘活动的；

③ 将承揽的测绘项目转包的；

④ 测绘成果质量经省级以上测绘地理信息质检机构判定为批不合格的；

⑤ 涂改、倒卖、出租、出借或者以其他形式转让测绘资质证书的；

⑥ 违反保密规定加工、处理和利用涉密测绘成果，存在失泄密隐患被查处的。

(3) 吊销资质

测绘资质单位有下列情形之一的，应当依法吊销测绘资质证书：

① 有应该停业整顿或者降低资质等级的情形之一且情节严重的；

② 以欺骗手段取得测绘资质证书从事测绘活动的；

③ 承担国家投资的测绘项目，且经暂扣测绘资质证书 6 个月仍不汇交测绘成果资料的。

(4) 注销资质

测绘资质单位有下列情形之一的，应当依法予以办理注销手续：

① 测绘资质证书有效期满未延续的；

② 测绘资质单位法人资格终止的；

③ 测绘资质行政许可决定依法被撤销、撤回的；

④ 测绘资质证书依法被吊销的；

⑤ 测绘资质证书所载各专业范围均不再符合法定条件的；

⑥ 测绘资质单位在从事测绘活动中，因泄露国家秘密被国家安全机关查处的；

⑦ 测绘资质单位申请注销的。

2.2 测绘执业资格管理

2.2.1 测绘执业资格的概念

测绘执业资格是指自然人(公民、个人)从事测绘专业技术活动应当具备的知识、技术水平和能力等。具体包括以下四个方面：

① 具有测绘理论知识。

② 具有基本的测绘专业技术水平。

③ 具有所从事的专业技术工作的能力。

④ 具备一定的运用法律知识和管理知识处理事务的能力。

2.2.2 测绘执业资格管理制度

《测绘法》规定的执业资格管理制度包括以下四方面的内容：

① 从事测绘活动的专业技术人员应当具备相应的执业资格条件。

② 执业资格管理的具体办法由国务院测绘地理信息主管部门会同国务院人力资源社会保障主管部门规定。

③ 测绘专业技术人员的执业证书的式样由国务院测绘地理信息主管部门统一制定。

④ 对未取得测绘执业资格，擅自从事测绘活动的，责令停止违法行为，没收违法所得和测绘成果，对其所在单位可以处违法所得二倍以下的罚款；情节严重的，没收测绘工具；造成损失的，依法承担赔偿责任。

2.3 注册测绘师

2.3.1 注册测绘师定义

《注册测绘师制度暂行规定》第四条规定："本规定所称注册测绘师，是指经考试取得《中华人民共和国注册测绘师资格证书》，并依法注册后，从事测绘活动的专业技术人员。注册测绘师英文译为：Registered Surveyor。"

注册测绘师的定义具有以下几个特征：

① 注册测绘师资格的法定证件是《中华人民共和国注册测绘师资格证书》。

② 取得注册测绘师资格必须经过考试。

③ 取得注册测绘师资格的人员，必须经过注册后，才能以注册测绘师的名义执业。

④ 注册测绘师是从事测绘活动的专业技术人员。

2.3.2 取得注册测绘师资格应当具备的基本条件

(1) 政治条件

中华人民共和国公民，遵守国家法律、法规，恪守职业道德。

(2) 业务条件

① 取得测绘类专业大学专科学历，从事测绘业务工作满 6 年。

② 取得测绘类专业大学本科学历，从事测绘业务工作满 4 年。

③ 取得含测绘类专业在内的双学士学位或者测绘类专业研究生班毕业，从事测绘业务工作满 3 年。

④ 取得测绘类专业硕士学位，从事测绘业务工作满2年。

⑤ 取得测绘类专业博士学位，从事测绘业务工作满1年。

⑥ 取得其他理学类或者工学类专业学历或者学位的人员，其从事测绘业务工作年限相应增加2年。

(3) 考试合格

参加注册测绘师资格考试，并在一个考试年度内考试科目全部合格。

2.3.3 注册测绘师资格考试方法

注册测绘师资格考试实行全国统一大纲、统一命题的考试制度，原则上每年举行一次。考试科目按照《注册测绘师资格考试实施办法》规定，设测绘综合能力、测绘管理与法律法规、测绘案例分析3个科目。考试分3个半天进行。测绘综合能力、测绘管理与法律法规2个科目的考试时间均为2.5小时，测绘案例分析科目的考试时间为3小时。参加注册测绘师资格全部(3个)科目考试的人员，必须在一个考试年度内参加全部(3个)科目的考试并合格，方可获得注册测绘师资格证书。

2.3.4 注册测绘师资格证书

注册测绘师资格考试合格，颁发人事部统一印制和人事部、国家地理信息局共同用印的《中华人民共和国注册测绘师资格证书》，该证书在全国范围内有效。对以不正当手段取得《中华人民共和国注册测绘师资格证书》的，由发证机关收回。自收回该证书之日起，当事人3年内不得再次参加注册测绘师资格考试。

2.3.5 注册测绘师的注册

(1) 注册的意义

国家对注册测绘师资格实行注册执业管理，取得《中华人民共和国注册测绘师资格证书》的人员，经过注册后方可以注册测绘师的名义执业。也就是说，未注册的人员，即便持有《中华人民共和国注册测绘师资格证书》，也不能以注册测绘师的名义从事测绘活动。

(2) 注册的管理主体

国家测绘地理信息局为注册测绘师资格的注册审批机构。各省、自治区、直辖市测绘地理信息行政主管部门负责注册测绘师资格的注册审查工作。

(3) 申请注册应当具备的条件

① 持有《中华人民共和国注册测绘师资格证书》。

② 应受聘于具有测绘资质的单位，并且只能受聘于一个有测绘资质的单位，以注册测绘师名义执业。

(4) 申请注册

具有注册测绘师资格的人员，应当通过聘用单位所在地(聘用单位属企业的，通过本单位工商注册所在地)的测绘地理信息主管部门，向省、自治区、直辖市人民政府测绘地理信息主管部门提出注册申请。

① 初始注册

初始注册者，可自取得《中华人民共和国注册测绘师资格证书》之日起1年内提出注册申请。逾期未申请者，在申请初始注册时，必须符合《注册测绘师制度暂行规定》有关继续教育要求。

初始注册时需要提交的材料有：注册测绘师初始注册申请表，注册测绘师资格证书，与聘用单位签订的劳动或者聘用合同，逾期申请注册人员的继续教育证明材料。

② 延续注册

注册有效期届满需继续执业的，应在届满前30个工作日内，按照相关规定的程序申请延续注册。

延续注册时需要提交的材料有：注册测绘师延续注册申请表，与聘用单位签订的劳动或者聘用合同，达到注册期内继续教育要求的证明材料。

③ 变更注册

在注册有效期内，注册测绘师变更执业单位，应与原聘用单位解除劳动关系，并相关规定的程序办理变更注册手续。变更注册后，其《中华人民共和国注册测绘师注册证书》和执业印章在原注册有效期内继续有效。

变更注册时需要提交的材料有：注册测绘师变更注册申请表，与新聘用单位签订的劳动或者聘用合同，工作调动证明或者与原聘用单位解除劳动或者聘用合同的证明、退休人员的退休证明。

(5) 受理注册申请

省、自治区、直辖市人民政府测绘地理信息主管部门在收到注册测绘师资格注册的申请材料后，对申请材料不齐全或者不符合法定形式的，应当当场或者在5个工作日内，一次告知申请人需要补正的全部内容，逾期不告知的，自收到申请材料之日起即为受理。

对受理或者不予受理的注册申请，均应出具加盖省、自治区、直辖市人民政府测绘地理信息主管部门专用印章和注明日期的书面凭证。

(6) 审批

省、自治区、直辖市人民政府测绘地理信息主管部门自受理注册申请之日起20个工作日内，按规定条件和程序完成申报材料的审查工作，并将申报材料和审查意见报国家测绘地理信息局审批。

国家测绘地理信息局自受理申报人员材料之日起20个工作日内做出审批决定。在规定的期限内不能做出审批决定的，应将延长的期限和理由告知申请人。

国家测绘地理信息局自做出批准决定之日起10个工作日内，将批准决定送达经批准注册的申请人，并核发统一制作的《中华人民共和国注册测绘师注册证书》和执业印章。对做出不予批准的决定，应当书面说明理由，并告知申请人享有依法申请行政复议或者提起行政诉讼的权利。

(7) 注册有效期

《中华人民共和国注册测绘师注册证书》每一注册有效期为3年。

《中华人民共和国注册测绘师注册证书》和执业印章在有效期限内是注册测绘师的执业凭证，由注册测绘师本人保管、使用。

(8) 注销注册

注册申请人有下列情形之一的，应由注册测绘师本人或者聘用单位及时向当地省、自治区、直辖市人民政府测绘地理信息主管部门提出申请，由国家测绘地理信息局审核批准后，办理注销手续，收回《中华人民共和国注册测绘师注册证书》和执业印章：

① 不具有完全民事行为能力的；

② 申请注销注册的；

③ 注册有效期满且未延续注册的；

④ 被依法撤销注册的；

⑤ 受到刑事处罚的；

⑥ 与聘用单位解除劳动或者聘用关系的；

⑦ 聘用单位被依法取消测绘资质证书的；

⑧ 聘用单位被吊销营业执照的；

⑨ 因本人过失造成利害关系人重大经济损失的；

⑩ 应当注销注册的其他情形。

（9）不予注册

注册申请人有下列情形之一的，不予注册：

① 不具有完全民事行为能力的；

② 刑事处罚尚未执行完毕的；

③ 因在测绘活动中受到刑事处罚，自刑事处罚执行完毕之日起至申请注册之日止不满 3 年的；

④ 法律、法规规定不予注册的其他情形。

（10）注册撤销

注册申请人以不正当手段取得注册的，应当予以撤销，并由国家测绘地理信息局依法给予行政处罚；当事人在 3 年内不得再次申请注册；构成犯罪的，依法追究刑事责任。

（11）继续教育

继续教育是注册测绘师延续注册、重新申请注册和逾期初始注册的必备条件。在每个注册期内，注册测绘师应按规定完成本专业的继续教育。注册测绘师继续教育分必修课和选修课，在一个注册期内必修课和选修课均不得少于 60 学时。2015 年 7 月 13 日，由国家测绘地理信息局人事司发布的《注册测绘师继续教育学时认定和登记办法（试行）》中，对继续教育的要求做出了详细的规定。

注册测绘师继续教育必修内容通过培训的形式进行，由国家测绘地理信息局推荐的机构承担。必修内容培训每次 30 学时，注册测绘师必须在一个注册有效期内参加两次不同内容的培训。

注册测绘师继续教育选修内容通过参加指定的网络学习获得 40 学时，另外 20 学时通过出版专业著作、承担科研课题、获得科技奖励、发表学术论文、参加学习等方式取得。

2.3.6　注册测绘师的执业

（1）执业岗位

注册测绘师应在一个具有测绘资质的单位，开展与该单位测绘资质等级和业务许可范围相应的测绘执业活动。

（2）执业范围

① 测绘项目技术设计；

② 测绘项目技术咨询和技术评估；

③ 测绘项目技术管理、指导与监督；

④ 测绘成果质量检验、审查、鉴定；

⑤ 国务院有关部门规定的其他测绘业务。

（3）执业能力

① 熟悉并掌握国家测绘及相关法律、法规和规章；

② 了解国际、国内测绘技术发展状况，具有较丰富的专业知识和技术工作经验，能够处理较复杂的技术问题；

③ 熟练运用测绘相关标准、规范、技术手段，完成测绘项目技术设计、咨询、评估及测绘成果质量检验管理；

④ 具有组织实施测绘项目的能力。

（4）执业效力与责任

在测绘活动中形成的技术设计和测绘成果质量文件，必须由注册测绘师签字并加盖执业印章后方可生效。修改经注册测绘师签字盖章的测绘文件，应由该注册测绘师本人进行；因特殊情况，该注册测绘师不能进行修改的，应由其他注册测绘师修改，并签字、加盖印章，同时对修改部分承担责任。因测绘成果质量问题造成的经济损失，接受委托的单位应承担赔偿责任；接受委托的单位可以依法向承担测绘业务的注册测绘师追偿。

（5）执业收费

注册测绘师从事执业活动，由其所在单位接受委托并统一收费。

2.3.7 注册测绘师的权利和义务

（1）注册测绘师享有的权利

① 使用注册测绘师称谓；

② 保管和使用本人的《中华人民共和国注册测绘师注册证书》和执业印章；

③ 在规定的范围内从事测绘执业活动；

④ 接受继续教育；

⑤ 对违反法律、法规和有关技术规范的行为提出劝告，并向上级测绘地理信息主管部门报告；

⑥ 获得与执业责任相应的劳动报酬；

⑦ 对侵犯本人执业权利的行为进行申诉。

（2）注册测绘师应履行的义务

① 遵守法律、行政法规和有关管理规定，恪守职业道德；

② 执行测绘技术标准和规范；

③ 履行岗位职责，保证执业活动成果质量，并承担相应责任；

④ 保守知悉的国家秘密和委托单位的商业、技术秘密；

⑤ 只受聘于一个有测绘资质的单位执业；

⑥ 不准他人以本人名义执业；

⑦ 更新专业知识，提高专业技术水平；

⑧ 完成注册管理机构交办的相关工作。

2.4 测绘作业证

根据《测绘法》与相关规定，国务院测绘地理信息行政主管部门颁布了《测绘作业证管理规定》，其中对如何取得测绘作业证件做出了具体的规定。

《测绘工作证管理规定》于1995年1月14日由国家测绘局常务会议审议通过，同日以国家测绘局第2号令发布。2004年2月5日国家测绘局局务会议修订通过了《测绘作业证管理规定》，自2004年6月1日起施行。

2.4.1 《测绘法》的有关规定

测绘工作流动性大，分散作业，施测时间不定，涉及众多的单位和个人，测绘工作人员进行测绘时，有时无法证明自己的合法身份，经常得不到配合和支持。为了使正常的生产、生活不受非法干扰，测绘作业证就是测绘人员身份的有效证明。《测绘法》对测绘人员及测绘作业证的相关规定有：

① 测绘人员进行测绘活动时，应当持有测绘作业证件。

② 任何单位和个人不得妨碍、阻挠测绘人员依法进行测绘活动。

③ 测绘人员的测绘作业证件的式样由国务院测绘地理信息主管部门统一制定。

④ 测绘人员使用永久性测量标志，必须持有测绘作业证件。

2.4.2 测绘作业证的特征

为了实施《测绘法》，国务院测绘地理信息主管部门制定了《测绘作业证管理规定》，并在测绘人员中配发测绘作业证，给测绘人员提供一个合法的身份证明。测绘作业证具有以下几个特征：

① 测绘作业证是测绘人员从事测绘活动的合法身份证明。

② 测绘作业证为测绘人员提供权利保障，也有利于保护与测绘活动发生关系的单位和个人的合法权益。

③ 从事测绘活动、出示测绘作业证件是测绘人员的义务，同时也可以防止非法测绘活动。从事测绘活动是测绘人员的法定权利，但是在测绘活动中向相关单位和个人出示测绘作业证件是测绘人员的法定义务。

④ 为持有测绘作业证件从事测绘活动的测绘人员提供便利是与测绘活动发生关系的单位和个人的义务。

⑤ 持有测绘作业证件的测绘人员的权利是有限的。测绘作业证件是测绘人员身份的证明，为测绘人员提供了权利保障，但是它的效力是有限的，不适用于测绘人员进入保密单位、军事禁区和法律法规规定的需要特殊审批的区域进行测绘活动。进入保密单位、军事禁区和法律法规规定的需要特殊审批的区域进行测绘活动时，应当按照规定经有关部门批准，并持有测绘作业证件及其相应的批准文件。

2.4.3 测绘作业证的取得

(1) 取得测绘作业证的条件

① 必须在具有测绘资质的单位从业。

② 必须是从事测绘外业工作的人员和其他需要持有测绘作业证的人员。

(2) 申请测绘作业证的办法和程序

① 准备申请材料

申请单位应当提交的材料有：申请报告，测绘单位测绘资质证书(证件或复印件)，测绘作业证申请表，测绘作业证申请汇总表。

② 提出申请

申请单位向单位所在地的省、自治区、直辖市人民政府测绘行政主管部门或者其委托的市(地)级测绘行政主管部门提出申请,提交申请材料。测绘单位必须保证申报材料真实、齐全,对申报材料不真实的,不予受理。

③ 审核发证

省、自治区、直辖市人民政府测绘行政主管部门或者其委托的市(地)级人民政府测绘行政主管部门应当自收到办证申请,并确认各种报表及各项手续完备之日起30日内,完成测绘作业证的审核发证工作。

(3) 测绘作业证的注册

测绘作业证由省、自治区、直辖市人民政府测绘行政主管部门或者其委托的市(地)级人民政府测绘行政主管部门负责注册核准。每次注册核准有效期为3年。注册核准有效期满前30日内,过期不注册核准的测绘作业证失效。

(4) 测绘作业证的补发和换新

① 测绘人员调往其他测绘单位的,由新调入单位重新申领测绘作业证。

② 测绘单位办理遗失证件的补证和旧证换新证的,省、自治区、直辖市人民政府测绘行政主管部门或者其委托的市(地)级人民政府测绘行政主管部门应当自收到补(换)证申请之日起30日内,完成补(换)证工作。

(5) 测绘作业证的监督管理

国家测绘局负责测绘作业证的统一管理工作。省、自治区、直辖市人民政府测绘行政主管部门负责本行政区域内测绘作业证的审核、发放和监督管理工作。

2.4.4 测绘作业证的使用

测绘人员在下列情况下应当主动出示测绘作业证:

① 进入机关、企业、住宅小区、耕地或者其他地块进行测绘时;

② 使用测量标志时;

③ 接受测绘行政主管部门的执法监督检查时;

④ 办理与所进行的测绘活动相关的其他事项时。

进入保密单位、军事禁区和法律法规规定的需经特殊审批的区域进行测绘活动时,还应当按照规定持有关部门的批准文件。

2.4.5 义务与责任

(1) 测绘人员的义务

① 测绘人员进行测绘活动时,应当遵守国家法律法规,保守国家秘密,遵守职业道德,不得损毁国家、集体和他人的财产。

② 测绘人员必须依法使用测绘作业证,不得利用测绘作业证从事与其测绘工作身份无关的活动。

③ 测绘人员对测绘作业证应当妥善保存,防止遗失,不得损毁,不得涂改。测绘作业证只限持证人本人使用,不得转借他人。

④ 测绘人员遗失测绘作业证,应当立即向本单位报告并说明情况,所在单位应当及时向发证机关书面报告情况。

⑤ 测绘人员离(退)休或调离工作单位的,必须由原所在测绘单位收回测绘作业证,并及时上交发证机关。

(2) 测绘人员的责任

测绘人员有下列行为之一的，由所在单位收回其测绘作业证并及时交回发证机关，对情节严重者依法给予行政处分；构成犯罪的，依法追究刑事责任：

① 将测绘作业证转借他人的；

② 擅自涂改测绘作业证的；

③ 利用测绘作业证严重违反工作纪律、职业道德或者损害国家、集体或者他人利益的；

④ 利用测绘作业证进行欺诈及其他违法活动的。

(3) 测绘单位的责任

领证单位必须如实反映领证人员情况，严格执行领证规定，不得弄虚作假、虚报冒领，并对领证人员的真实情况负责。测绘单位申报材料不真实、虚报冒领测绘作业证的，由省、自治区、直辖市人民政府测绘行政主管部门收回冒领的证件，并根据情节给予通报批评。

本章小结

本章主要介绍了测绘资质管理、测绘执业资格制度与注册测绘师、测绘权利保障制度。通过本章的学习，学生应能了解测绘资质管理和测绘执业资质制度的基本要求，并能根据测绘执业资格制度熟悉注册测绘师的注册程序；掌握注册测绘师应具备的基本条件及注册测绘师的权利与义务，同时掌握测绘权利保障制度所规定的内容。

习　　题

一、简答题

1. 测绘资质管理的原则是什么？

2. 简述测绘资质管理的概念和内容。

二、单选题

1. 从事测绘活动的单位应当取得(　　)。

　A. 测绘许可证　　B. 测绘资质证书

　C. 注册测绘师证　　D. 测绘作业证

2.《中华人民共和国注册测绘师注册证书》每一注册有效期为(　　)年。

　A. 2　　B. 3　　C. 4　　D. 5

3. 关于注册测绘师在一个注册周期内接受继续教育学时的说法，正确的是(　　)。

　A. 必修课 60 学时，选修课 30 学时　　B. 必修课和选修课均为 50 学时

　C. 必修课和选修课均为 60 学时　　D. 必修课 30 学时，选修课 60 学时

第3章 测绘基准和测绘系统

3.1 测绘基准

3.1.1 测绘基准的概念

测绘基准是指一个国家的整个测绘的起算依据和各种测绘系统的基础，包括所选用的各种大地测量参数，统一的起算面、起算基准点、起算方位以及有关的地点、设施和名称等。

我国目前采用的测绘基准主要包括大地基准、高程基准、深度基准和重力基准。

(1) 大地基准

大地基准是建立大地坐标系统和测量空间点点位的大地坐标的基本依据。目前常见的大地基准是“1980 西安坐标系”(大地原点设在我国陕西省泾阳县永乐镇)。2008 年 7 月 1 日，经国务院批准，我国正式开始启用“2000 国家大地坐标系”。

(2) 高程基准

高程基准是建立高程系统和测量空间点高程的基本依据。目前我国采用的是“1985 国家高程基准”。

(3) 重力基准

重力基准是建立重力测量系统和测量空间点的重力值的基本依据。常见的是 1957、1985 和 2000 重力测量系统，目前采用的是“2000 国家重力基准”。

(4) 深度基准

深度基准是海洋深度测量和海图上图载水深的基本依据。我国目前采用的深度基准因海区不同而有所不同，中国海区从 1956 年开始采用理论最低潮面作为深度基准；内河、湖泊采用最低水位、平均水位或设计水位作为深度基准。

3.1.2 测绘基准的特点

(1) 科学性

任何测绘基准都是依靠严密的科学理论、科学手段和方法，经过严密的演算和施测建立起来的，其形成的数学基础和物理结构都必须符合科学理论和方法的要求，从而使测绘基准具有科学性特点。

(2) 统一性

为保证测绘成果的科学性、系统性和可靠性，满足科学研究、经济建设和国防建设的需要，一个国家和地区的测绘基准必须是严格统一的。测绘基准不统一，不仅使测绘成果不具有可比性和衔接性，也会给国家安全、城市建设以及社会管理带来不良的后果。

(3) 法定性

测绘基准由国家最高行政机关——国务院批准，测绘基准数据由国务院测绘地理信息主管部门审核，并与国务院其他有关部门、军队测绘部门会商后，报国务院批准。测绘基准的设立必须符合国家的有关规范和要求。使用测绘基准由国家法律规定，从而使测绘基准具有法定性特征。

（4）稳定性

测绘基准是一切测绘活动和测绘成果的基础和依据，测绘基准一经建立，便具有相对稳定性，在一定时期内不能轻易改变。

3.1.3　测绘基准管理

（1）国家规定统一的测绘基准，设立测绘基准要有严格的审批程序

测绘基准是国家整个测绘工作的基础和起算依据，为保证国家测绘成果的整体性、系统性和科学性，实现测绘成果起算依据的统一，保障测绘事业为国家经济建设、国防建设和社会发展服务，国家对测绘基准的规定是非常严格的。《测绘法》第九条明确规定："国家设立和采用全国统一的大地基准、高程基准、深度基准和重力基准，其数据由国务院测绘地理信息主管部门审核，并与国务院其他有关部门、军队测绘部门会商后，报国务院批准。"这一方面表示，测绘基准的数据由国务院测绘地理信息主管部门审核后，还必须与国务院其他有关部门、军队测绘部门进行会商，充分听取各相关部门的意见。另一方面，测绘基准的数据经相关部门审核后，必须经过国务院批准后才能实施，各项测绘基准数据经国务院批准后，便成为所有测绘活动的起算依据。

（2）国家要求使用测绘基准

《测绘法》第五条明确规定："从事测绘活动，应当使用国家规定的测绘基准和测绘系统，执行国家规定的测绘技术规范和标准。"所以从事测绘活动使用国家规定的测绘基准是从事测绘活动的基本技术原则和前提。不使用国家规定的测绘基准，要依法承担相应的法律责任。

2009 年 5 月 6 日由国务院第 62 次常务会议通过的《基础测绘条例》第十七条规定："从事基础测绘活动，应当使用全国统一的大地基准、高程基准、深度基准、重力基准，以及全国统一的大地坐标系统、平面坐标系统、高程系统、地心坐标系统、重力测量系统，执行国家规定的测绘技术规范和标准。"第三十一条规定："违反本条例规定，实施基础测绘项目，不使用全国统一的测绘基准和测绘系统或者不执行国家规定的测绘技术规范和标准的，责令限期改正，给予警告，可以并处 10 万元以下罚款；对负有直接责任的主管人员和其他直接责任人员，依法给予处分。"

3.2　测绘系统

3.2.1　测绘系统的概念

测绘系统是指由测绘基准延伸，在一定范围内布设的各种测量控制网，它们是各类测绘成果的依据。测绘系统包括大地坐标系统、平面坐标系统、高程系统、地心坐标系统和重力测量系统等。

（1）大地坐标系统

大地坐标系统是用来表述地球点的位置的一种地球坐标系统。它采用一个接近地球整体形状的椭球作为点的位置及其相互关系的数学基础，大地坐标系统的三个坐标是大地经

度、大地纬度和大地高。我国先后采用的“1954 年北京坐标系”“1980 西安坐标系”和“2000 国家大地坐标系”,是我国在不同时期采用的大地坐标系统。

(2) 平面坐标系统

平面坐标系统是指确定地面点的平面位置所采用的一种坐标系统。大地坐标系统是建立在椭球面上的,而绘制的地图则是在平面上的,因此,必须通过地图投影把椭球面上的点的大地坐标科学地转换成展绘在平面上的平面坐标。平面坐标用平面上两轴相交成直角的纵、横坐标表示。我国在陆地上的国家统一的平面坐标系统是采用“高斯-克吕格平面直角坐标系”。它是利用高斯-克吕格投影将不可平展的地球椭球面转换成平面而建立的一种平面直角坐标系。

(3) 高程系统

高程系统是用以传算全国高程测量控制网中各点高程所采用的统一系统。我国规定采用的高程系统是正高系统,高程起算依据是“1985 国家高程基准”。

(4) 地心坐标系统

地心坐标系统是以坐标原点与地球质心重合的大地坐标系统或空间直角坐标系统。我国目前采用的“2000 国家大地坐标系”即是全球地心坐标系在我国的具体体现,其原点为包括海洋和大气的整个地球的质量中心。

国家测绘地理信息局在 2008 年发布的 2 号公告中指出,“2000 国家大地坐标系”与当时使用的国家大地坐标系转换、衔接的过渡期为 8～10 年。2008 年 7 月 1 日后新生产的各类测绘成果应采用“2000 国家大地坐标系”。

(5) 重力测量系统

重力测量系统是指重力测量施测与计算所依据的重力测量基准和计算重力异常所采用的正常重力公式的总称。我国曾先后采用的“1957 重力测量系统”“1985 重力测量系统”和“2000 重力测量系统”,是我国在不同时期采用的重力测量系统。

(6) 卫星导航定位基准服务系统

全国卫星导航定位基准服务系统于 2017 年 5 月 27 日正式启用。该系统是目前我国规模最大、覆盖范围最广的导航定位系统,能够兼容北斗、GPS、格洛纳斯、伽利略等卫星导航系统信号,具备了覆盖全国的导航定位服务能力,可为用户提供更加精准、快速的导航定位服务。

为加强测绘基准的动态维持,提供高精度卫星导航定位服务,国家测绘地理信息局利用现代测绘基准工程、海岛(礁)测绘工程以及陆态网等建设的卫星导航定位基准站网,组成具备 410 座规模的国家级卫星导航定位基准站网。同时统筹各省级测绘地理信息部门和地震、气象等部门建设的 2 300 余座基准站资源,构建了 2 700 座站点规模的卫星导航定位基准站网,建成了 1 个国家数据中心和 30 个省级数据中心,共同组成了全国卫星导航定位基准服务系统。

(7) 相对独立的平面坐标系统

相对独立的平面坐标系统是指为满足在局部地区进行大比例尺测图和工程测量的需要,以任意点和方向起算建立的平面坐标系统或者在全国统一的坐标系统基础上,进行中央子午线投影变换以及平移、旋转等而建立的平面坐标系统。相对独立的平面坐标系统是一种非国家统一的,但与国家统一坐标系统相联系的平面坐标系统。这种独立的平面坐标系统通过与国家坐标系统之间的联测，确定两种坐标系统之间的数学转换关系，即称之为相对独立的平面坐标系统与国家坐标系统相联系。

3.2.2 测绘系统管理

我国对测绘系统管理进行了明确的规定，并设立了严格的测绘法律责任。

(1) 从事测绘活动要使用国家规定的测绘系统。《测绘法》第五条对此做出了具体的规定。

(2) 国家建立全国统一的大地坐标系统、平面坐标系统、高程系统、地心坐标系统和重力测量系统，确定国家大地测量等级和精度。《测绘法》第十条对国家建立统一的测绘系统进行了规定，并明确了测绘系统的具体规范和要求——由国务院测绘地理信息主管部门会同国务院其他有关部门、军队测绘部门制定。

(3) 国家建立统一的卫星导航定位基准服务系统，提供导航定位基准信息公共服务。《测绘法》第十二条明确了国务院测绘地理信息主管部门和省、自治区、直辖市人民政府测绘地理信息主管部门应当会同本级人民政府其他有关部门按照统筹建设、资源共享的原则建立统一的卫星导航定位基准服务系统，提供导航定位基准信息公共服务。

(4) 建立相对独立的平面坐标系统要依法经过批准。

① 建立的原则

《测绘法》第十一条明确规定："因建设、城市规划和科学研究的需要，国家重大工程项目和国务院确定的大城市确需建立相对独立的平面坐标系统的，由国务院测绘地理信息主管部门批准；其他确需建立相对独立的平面坐标系统的，由省、自治区、直辖市人民政府测绘地理信息主管部门批准。建立相对独立的平面坐标系统，应当与国家坐标系统相联系。"

由此可见，建立的原则包括：因建设、城市规划和科学研究的需要，以及确实需要建立的，必须经过审批。

② 建立相对独立的平面坐标系统的审批权限

为加强对建立相对独立的平面坐标系统的管理，国家测绘地理信息局2006年颁布了《建立相对独立的平面坐标系统管理办法》，对建立相对独立的平面坐标系统的审批权限进行了详细规定。其中第三条规定，下列确需建立相对独立的平面坐标系统的，由国家测绘局负责审批：

a. 50万人口以上的城市；

b. 列入国家计划的国家重大工程项目；

c. 其他需国家测绘局审批的。

下列确需建立相对独立的平面坐标系统的，由省、自治区、直辖市测绘行政主管部门(以下简称省级测绘行政主管部门)负责审批：

a. 50万人口以下的城市；

b. 列入省级计划的大型工程项目；

c. 其他需省级测绘行政主管部门审批的。

③ 不予批准的情形

《建立相对独立的平面坐标系统管理办法》第十一条规定，有以下情况之一的，对建立相对独立的平面坐标系统的申请不予批准：

a. 申请材料内容虚假的；

b. 国家坐标系统能够满足需要的；

c. 已依法建有相关的相对独立的平面坐标系统的；

d. 测绘行政主管部门依法认定的应当不予批准的其他情形。

(5)《测绘法》中违反测绘系统管理的相关处罚规定如下：

① 第五十二条规定："违反本法规定，未经批准擅自建立相对独立的平面坐标系统，或者采用不符合国家标准的基础地理信息数据建立地理信息系统的，给予警告，责令改正，可以并处五十万元以下的罚款；对直接负责的主管人员和其他直接责任人员，依法给予处分。"

② 第五十三条规定："违反本法规定，卫星导航定位基准站建设单位未报备案的，给予警告，责令限期改正；逾期不改正的，处十万元以上三十万元以下的罚款；对直接负责的主管人员和其他直接责任人员，依法给予处分。"

③ 第五十四条规定："违反本法规定，卫星导航定位基准站的建设和运行维护不符合国家标准、要求的，给予警告，责令限期改正，没收违法所得和测绘成果，并处三十万元以上五十万元以下的罚款；逾期不改正的，没收相关设备；对直接负责的主管人员和其他直接责任人员，依法给予处分；构成犯罪的，依法追究刑事责任。"

3.3 测量标志

测量标志是国家重要的基础设施，是国家经济建设、国防建设、科学研究和社会发展的重要基础。长期以来，国家在我国陆地和海洋边界内布设了大量的用于标定测量控制点空间地理位置的永久性测量标志，包括各等级的三角点、基线点、导线点、军用控制点、重力点、天文点、水准点和卫星定位点等，这些标志在我国各个时期的国民经济建设和国防建设中都发挥了巨大的作用，是国家一笔十分宝贵的财富。

3.3.1 测量标志的概念

测量标志是指在陆地和海洋标定测量控制点位置的标石、觇标以及其他标记的总称。标石一般是指埋设于地下一定深度，用于测量和标定不同类型控制点的地理坐标、高程、重力、方位、长度等要素的固定标志；觇标是指建在地面上或者建筑物顶部的测量专用标架，作为观测照准目标和提升仪器高度的基础设施。根据使用用途和时间期限的不同，测量标志可分为永久性测量标志和临时性测量标志两种。

永久性测量标志，是指各等级的三角点、基线点、导线点、军用控制点、重力点、天文点、水准点和卫星定位点的觇标和标石标志，以及用于地形测图、工程测量和变形测量的固定标志及海底大地点设施。

临时性测量标志，是指测绘单位在测量过程中临时设立和使用的，不需要长期保存的标志和标记。如测站点的木桩、活动觇标、测旗、测杆、航空摄影的地面标志、描绘在地面或者建筑物上的标记等。

3.3.2 测量标志建设

测量标志建设是指测绘单位或者工程项目建设单位为满足测绘工作的需要而建造、设立固定标志的活动。关于测量标志建设的规定，《测绘法》和《测量标志保护条例》都有明确的规定，主要体现在以下几个方面：

(1) 使用国家规定的测绘基准和测绘标准。

（2）选择有利于测量标志长期保护和管理的点位。

（3）设置永久性测量标志的，应当对永久性测量标志设立明显标记；设置基础性测量标志的，还应当设立由国务院测绘行政主管部门统一监制的专门标牌。

（4）建设永久性测量标志需要占用土地的，地面标志占用土地的范围为 36～100 m^2，地下标志占用土地的范围为 16～36 m^2。

（5）设置永久性测量标志的部门应当将永久性测量标志委托测量标志设置地的有关单位或者人员负责保管。

（6）符合法律、法规规定的其他要求。

3.3.3　测量标志管理

（1）设立明显标记

永久性测量标志是建立在地面或者地下的固定标志。为了防止永久性测量标志遭到破坏，必须设立明显的标记，使人们能够很方便地识别测量标志，进而达到保护的目的。《测绘法》第四十二条规定："永久性测量标志的建设单位应当对永久性测量标志设立明显标记，并委托当地有关单位指派专人负责保管。"

（2）工程建设要避开永久性测量标志

工程建设要避开永久性测量标志，是指在两个相邻测量标志之间建设建筑物不能影响相邻标志之间相互通视，在测量标志附近建设建筑物不能影响卫星定位设备接收卫星传送信号，工程建设不得造成测量标志沉降或者位移，在测量标志附近建设微波站、广播电视台站、雷达站、架设线路等要避免受到电磁干扰影响测量仪器正常使用等。为合理保护测量标志，避免工程建设损毁测量标志，《测绘法》第四十三条明确规定："进行工程建设，应当避开永久性测量标志"。

（3）实行委托保管制度

测量标志分布面广，数量巨大，因此，保护测量标志必须充分依靠当地的人民群众。《测量标志保护条例》第十二条规定："设置永久性测量标志的部门应当将永久性测量标志委托测量标志设置地的有关单位或者人员负责保管，签订测量标志委托保管书，明确委托方和被委托方的权利和义务，并由委托方将委托保管书抄送乡级人民政府和县级以上人民政府管理测绘工作的部门备案。"

（4）使用测量标志应当持有测绘作业证件，并保证测量标志的完好

永久性测量标志作为测绘基础设施，承载着十分精确的数据信息，是从事测绘活动的基础。非测绘人员随意使用永久性测量标志，很容易造成测量标志损坏或者使测量标志失去使用效能。为此，《测绘法》第四十四条规定："测绘人员使用永久性测量标志，应当持有测绘作业证件，并保证测量标志的完好。"《测量标志保护条例》第二十三条也进行了相关规定，如违反测绘操作规程进行测绘，使永久性测量标志受到损坏的，无证使用永久性测量标志并且拒绝县级以上人民政府管理测绘工作的部门监督和负责保管测量标志的单位和人员查询的，要依法承担相应的法律责任。

（5）测量标志实行有偿使用

《测量标志保护条例》第十五条规定："国家对测量标志实行有偿使用；但是，使用测量标志从事军事测绘任务的除外。测量标志有偿使用的收入应当用于测量标志的维护、维修，不得挪作他用。"

（6）定期组织开展测量标志普查和维护

定期开展测量标志普查和维护工作是保护测量标志的重要措施和手段。设置永久性测量标志的部门应当按照国家有关的测量标志维修规程，对永久性测量标志定期组织维修，保证测量标志正常使用。通过定期组织开展测量标志普查，发现测量标志损毁或者将失去使用效能的，应当及时进行维护，确保测量标志完好。

（7）拆迁永久性测量标志要经过批准，并支付拆迁费用

工程建设要尽量避开永久性测量标志，但在实际工作中，无法避开永久性测量标志的工程项目非常多，涉及国家重大投资的工程项目、城市规划布局调整等，因此在大型工程项目实施过程中，造成测量标志损毁或者移动是不可避免的。为此，《测绘法》第四十三条规定："……确实无法避开，需要拆迁永久性测量标志或者使永久性测量标志失去使用效能的，应当经省、自治区、直辖市人民政府测绘地理信息主管部门批准；涉及军用控制点的，应当征得军队测绘部门的同意。所需迁建费用由工程建设单位承担。"《国家永久性测量标志拆迁审批程序规定》中对审批程序做了详细的规定。

3.3.4 测量标志保管职责

国家对测量标志保护和管理历来都十分重视。1996 年 9 月 4 日，国务院重新修订发布了《中华人民共和国测量标志保护条例》，使测量保护制度进一步得到完善。2010 年 12 月 29 日，国家测绘局印发经修订后的《国家永久性测量标志拆迁审批程序规定》。2017 年 4 月 27 日由第十二届全国人民代表大会常务委员会第二十七次会议第二次修订《中华人民共和国测绘法》，新修订的《测绘法》进一步强化了测量标志管理职责。

（1）行政职责的划分

《测绘法》第四十五条规定："县级以上人民政府应当采取有效措施加强测量标志的保护工作。县级以上人民政府测绘地理信息主管部门应当按照规定检查、维护永久性测量标志。乡级人民政府应当做好本行政区域内的测量标志保护工作。"《测量标志保护条例》第五条规定："国务院其他有关部门按照国务院规定的职责分工，负责管理本部门专用的测量标志保护工作。县级以上地方人民政府管理测绘工作的部门负责本行政区域内的测量标志保护工作。军队测绘主管部门负责管理军事部门测量标志保护工作，并按照国务院、中央军事委员会规定的职责分工负责管理海洋基础测量标志保护工作。"

（2）对测量标志保管人员的要求

① 经常检查测量标志的使用情况，查验永久性测量标志使用后的完好状况。

② 发现永久性测量标志有移动或者损毁的情况，及时向当地乡级人民政府报告。

③ 制止、检举和控告移动、损毁、盗窃永久性测量标志的行为。

④ 查询使用永久性测量标志的测绘人员的有关情况。

（3）对测绘人员的要求

① 测绘人员使用永久性测量标志，必须持有测绘作业证件，并保证测量标志的完好。

② 测绘人员根据测绘项目开展情况建立永久性测量标志，应当按照国家有关的技术规定执行，并设立明显的标记。

③ 接受县级以上测绘行政主管部门的监督和测量标志保管人员的查询。

④ 依法交纳测绘基础设施使用费。

⑤ 积极宣传测量标志保护的法律、法规和相关政策。

3.3.5　法律责任

《测绘法》第六十四条规定，有下列行为之一的，给予警告，责令改正，可以并处二十万元以下的罚款；对直接负责的主管人员和其他直接责任人员，依法给予处分；造成损失的，依法承担赔偿责任；构成犯罪的，依法追究刑事责任：

① 损毁、擅自移动永久性测量标志或者正在使用中的临时性测量标志的；

② 侵占永久性测量标志用地；

③ 在永久性测量标志安全控制范围内从事危害测量标志安全和使用效能的活动；

④ 擅自拆迁永久性测量标志或者使永久性测量标志失去使用效能，或者拒绝支付迁建费用；

⑤ 违反操作规程使用永久性测量标志，造成永久性测量标志毁损。

本章小结

本章主要介绍了测绘基准、测绘系统管理的相关内容。通过本章的学习，学生应掌握测绘基准的概念、特征和管理，以及测绘系统的概念、种类和管理。

习　　题

1. 我国目前采用的测绘基准主要包括哪几个？
2. 测绘基准的特征有哪些？
3. 《测绘法》对测绘基准的规定主要体现在哪些方面？
4. 什么是测绘系统？具体包含哪几个？
5. 违反相关测绘系统管理的法律规定，要承担哪些测绘法律责任？

第4章 基础测绘

基础测绘是我国测绘地理信息事业发展的重要组成部分。为加强基础测绘管理，规范基础测绘活动，保障基础测绘事业为国家经济建设、国防建设和社会发展服务，《测绘法》和《基础测绘条例》等法律法规明确规定了基础测绘的概念、性质、工作原则、管理体制，基础测绘规划、项目组织实施、成果的更新和利用等。

4.1 基础测绘概述

4.1.1 基础测绘的内容

基础测绘，是指建立全国统一的测绘基准和测绘系统，进行基础航空摄影，获取基础地理信息的遥感资料，测制和更新国家基本比例尺地图、影像图和数字化产品，建立、更新基础地理信息系统。

(1) 建立全国统一的测绘基准和测绘系统

全国统一的测绘基准和测绘系统是各类测绘活动的基础，具有明显的公益性特征。目前我国的测绘基准和测绘系统在规模、精度和统一性方面都居于世界先进行列。但是，测绘基准和测绘系统需要不断地精化和维护，并且随着测绘地理信息技术的进步，它们还需要不断地进行更新和发展。

(2) 进行基础航空摄影

基础航空摄影是指利用航空飞行器获取基础地理信息数据的摄影。以测绘为目的的基础航空摄影指为满足测制和更新国家基本比例尺地图、建立和更新基础地理信息数据库的需要，在飞行器上安装航空摄影仪，按照相关要求，从空中对我国国土实施航空摄影，获取基础地理信息源数据。基础航空摄影资料详细记载了一定区域范围的地物、地貌特征以及地物之间的相互关系，具有信息量大、覆盖面广的特点。基础航空摄影为经济建设、国防建设和科学研究等方面提供了极为重要的基础地理信息数据。

(3) 获取基础地理信息的遥感资料

遥感是指一切无接触的远距离的探测技术，即在空中和外层空间的各种航空和航天器上，运用各种传感器获取地球表面信息的技术。获取基础地理信息遥感资料的方式主要有两种：一种是接收我国自主研制卫星的遥感数据并进行处理；另外一种是订购其他国家的卫星遥感数据。卫星遥感资料是基础地理信息数据的重要数据源，主要用于快速更新、修测或编制国家基本比例尺地图以及更新、修测国家和区域基础地理信息数据库，或服务于资源、环境、灾害、区域、城市等进行调查、监测、分析和预测、预报等方面。

(4) 测制和更新国家基本比例尺地图、影像图和数字化产品

国家基本比例尺地图指根据国家颁布的统一测量规范、图式和比例尺系列测绘或编绘

而成的地形图，是国家各项经济建设、国防建设和社会发展的基础图，具有使用频率高、内容表示详细、分类齐全、精度高等特点，是我国最具权威性的基础地图，其测制精度和成果数量及质量是衡量一个国家测绘科学技术发展水平的重要标志之一。

国家基本比例尺地图图式主要包括1∶500、1∶1 000、1∶2 000、1∶5 000、1∶1万、1∶2.5万、1∶5万、1∶10万、1∶25万、1∶50万、1∶100万等11种。影像图是指对通过航天遥感、航空摄影等方法获取的数据或照片进行一系列几何变换和误差改正，附加一定的说明信息得到的具有地理坐标系、精度指标和直观真实的照片效果的地图。国家基本比例尺地图和影像图主要包括两类：一类是传统的纸介质模拟地图，另一类是以磁盘、光盘为介质的数字化地图产品。

(5) 建立、更新基础地理信息系统

基础地理信息系统通过对基础地理信息数据的集成、存储、检索、操作和分析，生成并输出各种基础地理信息的计算机系统。基础地理信息系统为土地利用、资源管理、环境监测、交通运输、经济建设、城市规划以及政府各部门行政管理等服务，它具有通用性强、重复使用率高的特点，是国家基础测绘工作的重要组成部分。

4.1.2 基础测绘的性质

(1) 基础性

基础地理信息是通过基础测绘获得的基础测绘成果，在技术上构成了各项后续测绘地理信息工作和地理信息应用的基础：统一的国家测绘基准和测绘系统是现代主权国家开展各项测绘地理信息工作的基础和前提；国家基本比例尺系列地图是其他各种专题地图的制图基础；国家和地方基础地理信息系统是其他专业地理信息系统的空间定位基础，基础测绘的最明显特征就是具有基础性。

(2) 公益性

基础测绘是向全社会各类用户提供统一、权威的空间定位基准和基础地理信息服务的工作。基础测绘工作作为经济社会发展和国防建设的一项基础性工作，是国家在行使政治统治职能和社会管理职能时准确掌握国情国力、提高管理决策水平的重要手段。因此，《测绘法》及《基础测绘条例》都明确规定，基础测绘是公益性事业。

(3) 通用性

通用性是基础测绘的基础性和公益性在服务内容上的具体体现。基础测绘不是为了某种特定需要服务的，而是遵循服务普遍性原则，服务于社会各个阶层、各个领域和各类不同用户，是其他一切后续测绘地理信息工作的基础。

(4) 权威性

基础测绘成果的权威信息是政府宏观管理与规划决策的重要依据，同时也是基础测绘基础性、公益性和通用性在基础测绘成果上的具体体现。国家基本比例尺系列地图是维护国家版图完整性的权威证明，也是权威地理信息数据的来源。

(5) 持续性

基础测绘成果必须具有现势性，而要保持现势性就需要基础测绘成果持续不断地更新。这种不断更新的属性就是基础测绘的持续性。持续性是基础测绘区别于非基础测绘的一个重要特征。其他非基础测绘往往是一次性投入，项目完成后便不再需要进行测绘，而基础测绘必须持续不断地进行更新，以满足经济社会发展对基础地理信息资源的需求。

(6) 统一性

基础测绘通过建立全国统一的测绘基准和测绘系统,生产国家统一规定的基本比例尺地图,保持国家统一规定的精度要求,体现出基础测绘的统一性特点。基础测绘的统一性,是实现基础地理信息共享利用的基本前提。

(7) 保密性

基础测绘成果几乎涵盖了地表全部自然地理要素和人工设施,是现代军事国防基础资料,并且涉及国家秘密。地图事关国家版图完整和政治主张,因此基础测绘成果普遍具有保密性特征。

4.1.3 基础测绘的原则

《基础测绘条例》第四条规定:"基础测绘工作应当遵循统筹规划、分级管理、定期更新、保障安全的原则。"

(1) 统筹规划

统筹规划,是指从整体上做出规划,考虑全局,兼顾细节。国务院测绘地理信息主管部门负责全国基础测绘整体规划,该规划既要考虑全国大局,还要考虑各地方单位的实际情况,整体部署、统筹安排、科学规划。

(2) 分级管理

分级管理,是指分层管理基础测绘工作。国务院测绘地理信息主管部门负责全国基础测绘工作,县级以上地方人民政府测绘地理信息主管部门负责本行政区域的基础测绘工作。

(3) 定期更新

由于基础测绘地理信息现势性强,具有动态变化的特点,所以要求基础测绘成果要定期更新。通过不断更新才能真实反映地理信息和人文要素的现势状态。基础测绘成果更新周期应根据不同地区经济发展需要、测绘技术水平和生产能力、基础地理信息变化情况等因素确定。

(4) 保障安全

基础测绘活动获取的大量成果都涉及国家秘密、关系国家安全,因此需要采取有效措施保障基础测绘成果的安全,防止成果损坏、丢失和泄密。利用基础测绘成果应遵守法律法规的有关规定,做好安全工作,加强成果保密的管理和技术研究。在确保基础测绘成果安全的前提下,促进基础地理信息资源的高效开发和利用。

4.2 基础测绘规划

4.2.1 基础测绘规划的概念

基础测绘规划包括全国和地方基础测绘规划,是对全国及地方基础测绘在时间和空间上的战略部署和具体安排,关系国务院及地方人民政府对基础测绘在本级国民经济和社会发展年度计划及财政预算中的安排。

基础测绘规划的主要内容包括基础测绘的阶段性发展目标、主要任务、空间布局、主要项目、规划实施保障措施等,并且还应有布局示意图和规划项目表。全国基础测绘中长期规划还包括了简明、准确的发展方针和发展目标等。

(1) 全国基础测绘规划

全国基础测绘规划，是由国务院测绘地理信息行政主管部门会同国务院其他有关部门、军队测绘主管部门负责组织编制的，对全国基础测绘在时间和空间上的战略部署和具体安排。

（2）地方基础测绘规划

地方基础测绘规划，是由县级以上地方人民政府测绘地理信息行政主管部门会同本级人民政府其他有关部门负责组织编制的，根据全国基础测绘规划和上一级的基础测绘规划以及本行政区域内的实际情况，拟订地方性的、区域性的基础测绘发展的阶段性目标。

4.2.2 基础测绘规划编制和报批

国务院测绘地理信息主管部门会同国务院其他有关部门、军队测绘部门组织编制全国基础测绘规划，报国务院批准后组织实施。县级以上地方人民政府测绘地理信息主管部门会同本级人民政府其他有关部门，根据国家和上一级人民政府的基础测绘规划及本行政区域的实际情况，组织编制本行政区域的基础测绘规划，报本级人民政府批准后组织实施。

基础测绘规划报批前要组织专家论证；基础测绘规划要广泛征求有关部门和单位的意见；地方基础测绘规划涉及军事禁区、军事管理区或者作战工程的，要征求军事机关的意见。基础测绘规划报送审批文件中应当附具意见采纳情况及理由。

4.2.3 基础测绘规划公布和修改

组织编制机关应当依法公布经批准的基础测绘规划。公布基础测绘规划的主体是组织编制机关，即县级以上测绘行政主管部门——国家测绘地理信息局，各省、自治区、直辖市测绘行政主管部门和市、县级测绘行政主管部门。

经批准的基础测绘规划是开展基础测绘工作的依据，未经法定程序不得修改；确需修改的，应当按照《基础测绘条例》规定的原审批程序报送审批。

4.2.4 基础测绘应急保障预案

县级以上地方人民政府测绘行政主管部门应当根据应对自然灾害等突发事件的需要，制定相应的基础测绘应急保障预案。

基础测绘应急保障预案的内容应当包括应急保障组织体系，应急装备和器材配备，应急响应，基础地理信息数据的应急测制和更新等应急保障措施。

4.3 基础测绘分级管理

《测绘法》第十五条规定："基础测绘是公益性事业。国家对基础测绘实行分级管理。"基础测绘分级管理主要由基础测绘分级管理体制、分级投入体制和分级组织实施等内容组成。这里主要介绍基础测绘分级管理体制。

基础测绘分级管理体制，是指对各级人民政府及政府各有关部门关于基础测绘工作的具体职能配置和职责分工，与测绘行政管理体制相一致。

4.3.1 基础测绘工作的管理职责

（1）各级人民政府的职责

① 加强对基础测绘工作的领导。

② 将基础测绘纳入本级国民经济和社会发展规划及年度计划，所需经费列入本级财政

预算。

③ 遵循科学规划、合理布局、有效利用、兼顾当前与长远需要的原则，加强基础测绘设施建设，避免重复投资。

（2）国务院测绘地理信息行政主管部门的职责

① 负责全国基础测绘工作的统一监督管理。

② 会同国务院其他有关部门、军队测绘主管部门，组织编制全国基础测绘规划，报国务院批准后组织实施。

③ 会同国务院发展改革部门编制全国基础测绘年度计划并组织实施。

④ 根据应对自然灾害等突发事件的需要，制定相应的基础测绘应急保障预案。

⑤ 组织实施全国性基础测绘项目。

⑥ 会同军队测绘主管部门和国务院其他有关部门制定基础测绘成果更新周期确定的具体办法。

⑦ 采取措施，加强对基础地理信息测制、加工、处理、提供的监督管理，确保基础测绘成果质量。

⑧ 负责基础测绘成果资料提供使用的审批。

（3）省级测绘地理信息行政主管部门的职责

① 负责本行政区内基础测绘工作的统一监督管理。

② 会同本级人民政府其他有关部门，根据国家基础测绘规划和本行政区域的实际情况，组织编制本行政区域的基础测绘规划，报本级人民政府批准后组织实施。

③ 会同同级政府发展改革部门，编制本行政区内的基础测绘年度计划，并分别报上一级主管部门备案后实施。

④ 组织实施省级基础测绘项目。

⑤ 根据应对自然灾害等突发事件的需要，制定相应的省级基础测绘应急保障预案。

⑥ 采取措施，加强对基础地理信息测制、加工、处理、提供的监督管理，确保基础测绘成果质量。

⑦ 负责省级基础测绘成果资料提供使用的审批。

（4）市、县级测绘地理信息行政主管部门的职责

① 负责本行政区内基础测绘工作的统一监督管理。

② 会同本级人民政府其他有关部门，根据国家和省级基础测绘规划以及本行政区域的实际情况，组织编制本行政区域的基础测绘规划，报本级人民政府批准后组织实施。

③ 会同同级政府发展改革部门，编制本行政区内的基础测绘年度计划，并分别报上一级主管部门备案后实施。

④ 按照分级管理权限组织实施基础测绘项目。

⑤ 采取措施，加强对基础地理信息测制、加工、处理、提供的监督管理，确保基础测绘成果质量。

⑥ 负责本级基础测绘成果资料提供使用的审批。

（5）军队和其他有关部门的职责

主要是在统一监督管理的大原则下，配合测绘地理信息行政主管部门依法编制基础测绘规划和年度计划；支持和配合测绘地理信息行政主管部门收集有关行政区域界线、地名、

水系、交通、居民点、植被等地理信息变化情况。

军队测绘部门负责编制军事测绘规划，按照国务院、中央军事委员会规定的职责分工负责编制海洋基础测绘规划，并组织实施。

4.3.2 基础测绘项目的组织实施

(1) 国务院测绘行政主管部门组织实施的基础测绘项目

① 建立全国统一的测绘基准和测绘系统。

② 建立和更新国家基础地理信息系统。

③ 组织实施国家基础航空摄影。

④ 获取国家基础地理信息遥感资料。

⑤ 测制和更新全国 1∶100 万至 1∶2.5 万国家基本比例尺地图、影像图和数字化产品。

⑥ 国家急需的其他基础测绘项目。

(2) 省级测绘地理信息行政主管部门组织实施的基础测绘项目

① 建立本行政区域内与国家测绘系统相统一的大地控制网和高程控制网。

② 建立和更新地方基础地理信息系统。

③ 组织实施地方基础航空摄影。

④ 获取地方基础地理信息遥感资料。

⑤ 测制和更新本行政区域 1∶1 万至 1∶5 000 国家基本比例尺地图、影像图和数字化产品。

(3) 市、县级测绘地理信息行政主管部门组织实施的基础测绘项目

① 在国家统一的平面控制网、高程控制网和空间定位网的基础上，布设满足当地城市建设和发展需要的平面控制网和高程控制网。

② 1∶2 000 至 1∶500 比例尺地图、影像图和数字化产品的测制和更新。

③ 建立和更新市、县级基础地理信息系统。

④ 地方性法规、地方政府规章确定由其组织实施的其他基础测绘项目。

4.3.3 基础测绘项目承担单位的要求

(1) 基础测绘项目承担单位的测绘资质等级必须与承担的基础测绘项目的要求一致，不得超越资质等级许可的范围从事基础测绘活动。

(2) 基础测绘项目承担单位应当具备健全的保密制度和完善的保密设施，严格执行有关保守国家秘密法律、法规的规定。

(3) 应当建立健全基础测绘成果质量管理制度，严格执行国家规定的测绘技术规范和标准，对其完成的成果质量负责。

4.3.4 基础测绘设施建设的要求

基础测绘设施，是指为实现基础地理信息资源共享，用于基础地理信息的获取、处理、存储、传输、分发和提供的设备、软件及其他有关设施。

(1) 基础测绘设施建设应遵循的原则

① 科学规划；

② 合理布局；

③ 有效利用；

④ 兼顾当前与长远需要。

(2) 基础测绘设施建设的优先原则

① 航空摄影测量、卫星遥感基础测绘设施建设优先;

② 数据传输基础测绘设施建设优先;

③ 基础测绘应急保障基础测绘设施建设优先。

4.4 基础测绘成果的更新与利用

4.4.1 基础测绘成果更新周期

国家实行基础测绘成果定期更新制度。基础测绘成果更新周期应当根据不同地区国民经济和社会发展的需要、测绘科学技术水平和测绘生产能力、基础地理信息变化情况等因素确定。其中,1∶100 万至 1∶5 000 国家基本比例尺地图、影像图和数字化产品 5 年至少更新一次;自然灾害多发地区以及国民经济、国防建设和社会发展急需的基础测绘成果应当及时更新。

4.4.2 基础测绘成果更新的职责

国务院测绘地理信息行政主管部门会同军队测绘主管部门和国务院其他有关部门具体确定基础测绘成果更新周期。

4.4.3 基础测绘成果质量监督管理

测绘行政主管部门加强对基础地理信息测制、加工、处理、提供监督管理的主要措施如下:

(1) 完善测绘行业国家标准和行业标准。

(2) 实行以抽查为主要方式的监督检验制度。

(3) 加强对测绘单位在生产中使用的测量器具定期检定情况进行监督检查。

(4) 依法查处质量不合格的测绘成果。

4.4.4 基础测绘成果的使用

基础测绘成果是由公共财政支付的用于公共服务的产品。作为国家意志的实际执行者——国家机关在决策时,有权无偿使用国家所有的测绘成果。

本章小结

本章主要介绍了基础测绘的管理。通过本章的学习,学生应掌握基础测绘概念、性质、工作原则,熟悉基础测绘管理体制、规划、项目组织实施、成果的更新和利用等内容。

习 题

一、简答题

1. 基础测绘的内容包括哪些?

2. 基础测绘的工作原则包括哪些?

二、单选题

1. 基础测绘成果包括全国性基础测绘成果和(　　)基础测绘成果。

   A. 区域性　　B. 国际性　　C. 地区性　　D. 行业性

2. 1∶100 万至 1∶5 000 国家基本比例尺地图、影像图和数字化产品最长更新周期为(　　);自然灾害多发地区以及国民经济、国防建设和社会发展急需的基础测绘成果应当及时更新。

   A. 每年 1 次　　B. 每 2 年 1 次

   C. 每 3 年 1 次　　D. 至少 5 年 1 次

3. (　　)是指建立全国统一的测绘基准和测绘系统,进行基础航空摄影,获取基础地理信息的遥感资料,测制和更新国家基本比例尺地图、影像图和数字化产品,建立、更新基础地理信息系统。

   A. 国家测绘　　B. 数字测绘

   C. 基础测绘　　D. 大比例尺地形图测绘

第5章 测绘标准化

5.1 测绘标准化管理

5.1.1 测绘标准的概念

测绘标准是针对性很强的技术标准，是指对测绘活动的过程、成果、产品、服务等，针对一定范围内需要统一的技术要求、规格格式、精度指标、管理程序，从设计、生产、检验、应用等方面所制定的需要共同遵守的规定。测绘标准包括国家标准、行业标准、地方标准和标准化指导性技术文件。测绘行业标准不得与测绘国家标准相违背，测绘地方标准不得与测绘国家标准和测绘行业标准相违背。

按照国家测绘局《测绘标准化工作管理办法》的相关规定，在测绘领域内，需要在全国范围内统一的技术要求，应当制定国家标准；对没有国家标准而又需要在测绘行业范围内统一的技术要求，可以制定测绘行业标准；对没有国家标准和行业标准而又需要在省、自治区、直辖市范围内统一的技术要求，可以制定相应的地方标准。

随着测绘科技的发展和地理信息产业的繁荣，测绘标准化的工作内容已经渗透到地理信息领域。根据《地理信息标准化工作管理规定》的相关要求，在地理信息领域内，需要在全国范围内统一的技术要求，应当制定地理信息国家标准。测绘与地理信息标准在测绘与地理信息产业发展过程中，相互渗透、相互补充，逐步形成了测绘与地理信息标准化体系。

5.1.2 测绘标准的制定

(1) 测绘国家标准的制定

需要在全国范围内统一的技术要求，应当制定测绘国家标准，这些技术要求包括：

① 测绘术语、分类、模式、代号、代码、符号、图式、图例等技术要求。

② 国家大地基准、高程基准、重力基准和深度基准的定义及技术参数，国家大地坐标系统、平面坐标系统、高程系统、地心坐标系统、重力测量系统的实现、更新、维护及仪器、方法、过程等方面的技术要求。

③ 国家基本比例尺地图、公众版地图及其测绘的方法、过程、质量、检验和管理等方面的技术要求。

④ 基础航空摄影的仪器、方法、过程、质量、检验和管理等方面的技术指标和技术要求，用于测绘的遥感卫星影像的质量、检验和管理等方面的技术要求。

⑤ 基础地理信息数据生产及基础地理信息系统建设、更新与维护的方法、过程、质量、检验和管理等方面的技术要求。

⑥ 测绘工作中需要统一的其他技术要求。

(2) 强制性测绘标准的制定

测绘国家标准及测绘行业标准分为强制性标准和推荐性标准，下列情况应当制定强制性测绘标准或者标准强制性条款：

① 涉及国家安全、人身及财产安全的技术要求。

② 建立和维护测绘基准与测绘系统必须遵守的技术要求。

③ 国家基本比例尺地图测绘与更新必须遵守的技术要求。

④ 基础地理信息标准数据的生产和认定。

⑤ 测绘行业范围内必须统一的技术术语、符号、代码、生产与检验方法等。

⑥ 需要控制的重要测绘成果质量的技术要求。

⑦ 国家法律、行政法规规定强制执行的内容及其技术要求。

(3) 测绘标准化指导性技术文件的制定

符合下列情形之一的，可以制定测绘标准化指导性技术文件：

① 技术尚在发展中，需要有相应的测绘标准文件引导其发展或者具有标准化价值，尚不能制定为标准的。

② 采用国际标准化组织以及其他国际组织(包括区域性国际组织)技术报告的。

③ 国家基础测绘项目及有关重大专项实施过程中，没有国家标准和行业标准而又需要统一的技术要求。

5.1.3　测绘标准的分类

《测绘标准体系(2017 修订版)》(以下简称本体系)，从信息化测绘技术、事业转型升级和服务保障需求出发，兼顾现行测绘国家标准和行业标准情况，以测绘标准化对象为主体，按信息、技术和工程等多个视角对测绘标准进行分类和架构，共包含“定义与描述”“获取与处理”“成果”“应用服务”“检验与测试”和“管理”共 6 大类 36 小类标准，每一个小类标准包含若干国家标准或行业标准，具体如图 5-1 所示。本体系共收录 377 项标准，其中包括已发布和制定中的标准，以及若干待制定标准。在 377 项已发布和制定中的标准中，定义与描述

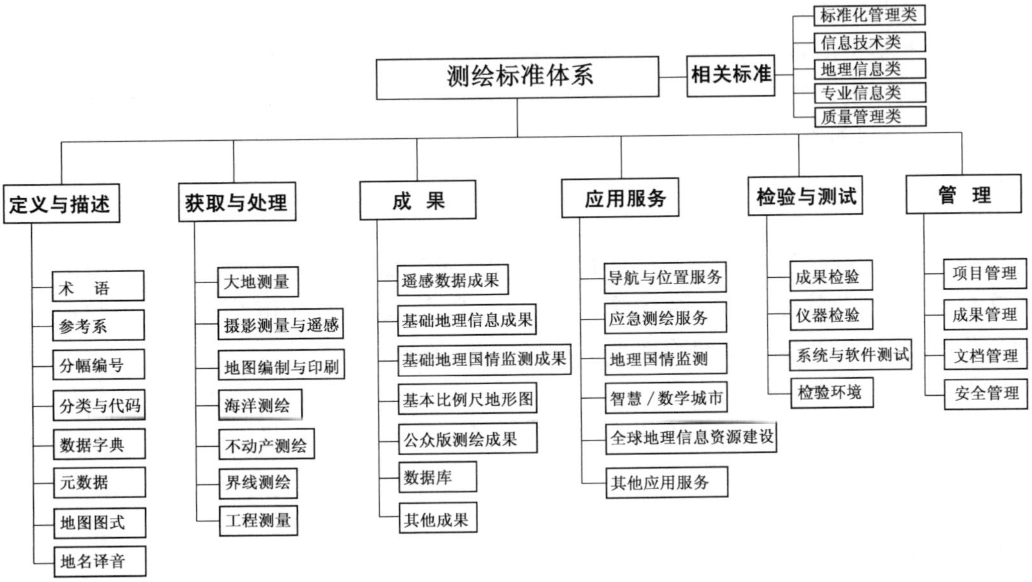

图 5-1　测绘标准体系框架

类有 58 项，占 15.4%；获取与处理类有 129 项，占 34.2%；成果类 61 项，占 16.2%；应用服务类 49 项，占 13.0%；检验与测试类 67 项，占 17.8%；管理类 13 项，占 3.4%。

6 大类标准之间相互关联，从而构成一个覆盖整个测绘领域的结构化、系统性和可扩展的标准体系。6 大类标准完整描述了测绘标准化领域，覆盖了整个测绘活动过程，并具有较强的稳定性。

6 大类标准的作用和特征如下：

(1) 定义与描述大类标准

此类标准为测绘提供基础性、公共性描述，确保信息的互联互通和一致理解，促进信息融合、共享和使用。该大类标准可以作为其他标准的基础和依据，具有普遍指导意义。

(2) 获取与处理大类标准

此类标准为满足特定要求，对测绘生产所采用技术方法、途径等需要协调的事项进行规范统一，以满足连续、重复使用要求的通用性标准。该大类标准规定测绘过程中的技术要求、参数和程序，支撑测绘成果按技术规范高效生产，可作为其他标准的基础和依据。

(3) 成果类标准

此类标准是测绘成果生产、使用和维护中需遵守技术准则、要求方面的专用标准。该类标准描述测绘成果的结构、规格、质量等技术指标，以保证测绘成果的规范性。

(4) 应用服务类标准

此类标准是测绘应用服务对象定义与描述、技术要求与流程、成果内容与指标、服务运行等方面进行规范的专用标准。该类标准为测绘应用服务提供支撑。

(5) 检验与测试类标准

此类标准为验证测绘生产、成果和应用服务是否满足确定准则，对成果、仪器设备、软件和环境进行检查和验收的通用或专用标准。该类标准提供质量要求、检测内容与方法、质量评定等。

(6) 管理类标准

此类标准是为保障测绘工作的协调运行和顺利实施，以测绘管理领域共性因素为对象所制定的通用标准。管理类标准提供测绘项目、成果、文档和安全方面的管理手段与措施，是测绘生产、管理和维护的重要保障。

5.1.4 测绘标准的发布和复审

(1) 发布

按照《测绘标准化工作管理办法》的相关要求，属于测绘国家标准和国家标准化指导性技术文件的，报国务院标准化行政主管部门批准、编号、发布；属于测绘行业标准和行业标准化指导性技术文件的，由国家测绘地理信息局批准、编号、发布。

强制性测绘行业标准编号：

CH ××××(顺序号)—××××(发布年号)

推荐性测绘行业标准编号：

CH/T ××××(顺序号)—××××(发布年号)

测绘行业标准化指导性技术文件编号：

CH/Z ××××(顺序号)—××××(发布年号)

强制性测绘标准及强制性条款必须执行。推荐性标准被强制性测绘标准引用的，也必须强制执行。不符合强制性标准或强制性条款的测绘成果或者地理信息产品，禁止生产、进口、销售、发布和使用。

（2）复审

测绘标准的复审工作由国家测绘地理信息局组织测绘标准委员会实施。标准复审周期一般不超过5年。下列情况应当及时进行复审：

① 不适应科学技术的发展和经济建设需要的。

② 相关技术发生了重大变化的。

③ 标准实施过程中出现重大技术问题或有重要反对意见的。

测绘国家和行业标准化指导性技术文件发布后3年内必须复审，以决定是否继续有效、转化为标准或者撤销。

测绘国家标准和国家标准化指导性技术文件的复审结论经国家测绘局审查同意，报国务院标准化行政主管部门审批发布。测绘行业标准和行业标准化指导性技术文件的复审结论由国家测绘局审批。对确定为继续有效或者废止、撤销的，由国家测绘局发布公告；对确定为修订、转化的，按相关规定的程序进行修订。

5.1.5 《测绘法》对测绘标准化的规定

（1）从事测绘活动，应当使用国家规定的测绘基准和测绘系统，执行国家规定的测绘技术规范和标准。（第五条规定）

（2）国家建立全国统一的大地坐标系统、平面坐标系统、高程系统、地心坐标系统和重力测量系统。确定国家大地测量等级和精度以及国家基本比例尺地图的系列和基本精度。（第十条规定）

（3）国家制定有关工程测量技术规范和房产测量技术规范。（第二十三条规定的概括）

（4）卫星导航定位基准站的建设和运行维护应当符合国家标准和要求，不得危害国家安全。（第十四条规定）

（5）建立地理信息系统，应当采用符合国家标准的基础地理信息数据。（第二十四条规定）

5.2 测绘计量管理

计量属于测量的范畴，也可以说，计量是一种特定形式的、为使被测量的单位量值在允许范围内溯源到基本单位的测量。测绘计量是实现测绘单位统一、量值准确可靠的活动，是以测绘技术和法制手段保证测绘量值准确可靠、单位统一的测量活动。测绘计量标准是指用于测量器具确定、测试各类测绘计量器具的标准装置、器具和设施。测绘计量器具是用于直接或间接传递量值的测绘工作用仪器、仪表和器具。

为加强计量监督管理，保障国家计量单位制的统一和量值的准确可靠，有利于生产、贸易和科学技术的发展，适应社会主义现代化建设的需要，维护国家和人民的利益，我国于1985年颁布了《中华人民共和国计量法》（以下简称《计量法》），2017年12月27日第十二届全国人民代表大会常务委员会第三十一次会议对《计量法》进行了第四次修订。1987年，经国务院批准，国家计量局颁布了《中华人民共和国计量法实施细则》，2017年3月1日又进行了第二次修订。1996年5月，国家测绘局颁布了《测绘计量管理暂行办法》，对计量监督管理、计量检定、计量器具管理等进行了规范，国家测绘地理信息局在2016年的立法工作计划中提出了对此法进行修订的计划。

5.2.1 计量检定的法律规定

计量检定活动，是指法律规定或者质量技术监督部门授权的用于保障量值溯源和准确传递而进行的强制检定和其他检定活动。为加强对计量检定活动的管理，国家出台了一系列法律、法规和规章进行规定。

(1) 对执行国家计量检定规程的规定

计量检定必须执行计量检定规程。国家计量检定规程由国务院计量行政部门制定；没有国家计量检定规程的，由国务院有关主管部门和省、自治区、直辖市人民政府计量行政部门分别制定部门计量检定规程和地方计量检定规程，并向国务院计量行政部门备案。《测绘计量管理暂行办法》第十条规定："开展测绘计量器具检定，应执行国家、部门或地方计量检定规程。没有正式计量检定规程的，应执行有关测绘技术标准或自行编写检校办法报主管部门批准后使用。"

(2) 对强制性检定的规定

县级以上人民政府计量行政部门对社会公用计量标准器具，部门和企业、事业单位使用的最高计量标准器具，以及用于贸易结算、安全防护、医疗卫生、环境监测方面的列入强制检定目录的工作计量器具，实行强制检定。未按照规定申请检定或者检定不合格的，不得使用。

(3) 对周期检定的规定

使用实行强制检定的工作计量器具的单位和个人，应当向当地县级以上人民政府计量行政部门指定的计量检定机构申请周期检定。任何单位和个人不准在工作岗位上使用无检定合格印、证或者超过检定周期以及经检定不合格的计量器具。

5.2.2 对产品质量检验机构的规定

(1) 为社会提供公证数据的产品质量检验机构，必须经省级以上人民政府计量行政部门对其计量检定、测试的能力和可靠性进行考核。产品质量检验机构取得计量认证合格证书方可开展检验。

(2) 测绘产品质量监督检验机构，必须向省级以上政府计量行政主管部门申请计量认证。

产品检验机构取得计量认证合格证书后，在测绘产品质量监督检验、委托检验、仲裁检验、产品质量评价和成果鉴定中提供作为公证的数据，具有法律效力。

5.2.3 对计量检定人员资格的规定

(1) 法定计量检定人员的资格

国家法定计量检定机构的计量检定人员，必须经县级以上人民政府计量行政部门考核合格，并取得计量检定证件。其他单位的计量检定人员，由其主管部门考核发证。无计量检定证书的，不得从事计量检定工作。

(2) 对计量检定人员的禁止性规定

① 伪造、篡改数据、报告、证书或技术档案等资料。

② 违反计量检定规程开展计量检定。

③ 使用未经考核合格的计量标准开展计量检定。

④ 变造、倒卖、出租、出借或者以其他方式非法转让计量检定员证或注册计量师注册证。

本章小结

本章主要介绍了测绘标准化管理的相关内容。通过本章的学习，学生应了解掌握测绘标准的定义及种类等的基本概念和基本知识；熟练掌握标准化工作和测绘标准化管理的内容。

习　题

一、简答题

1. 在测绘活动中，为什么要统一测绘标准？

2.《测绘标准体系(2017 修订版)》对测绘标准是如何分类的？

二、单选题

1. 测绘国家标准及测绘行业标准分为(　　)。

　A. 强制性标准和推荐性标准　　B. 专业性标准和国家性标准

　C. 强制性标准和专业性标准　　D. 国家性标准和推荐性标准

2. 测绘标准复审周期一般不超过(　　)年。

　A. 2　　B. 3　　C. 4　　D. 5

3. “GB/T”为(　　)的代号。

　A. 国家标准　　B. 高级标准

　C. 推荐性国家标准　　D. 强制性国家标准

第6章　测绘成果管理

6.1　测绘成果概述

6.1.1　测绘成果的概念与形式

(1) 测绘成果的概念

测绘成果是指通过测绘形成的数据、信息、图件以及相关的技术资料，是各类测绘活动形成的记录和描述自然地理要素或者地表人工设施的形状、大小、空间位置及其属性的地理信息、数据、资料、图件和档案。

测绘成果分为基础测绘成果和非基础测绘成果，其中基础测绘成果包括全国性基础测绘成果和地区性基础测绘成果。

(2) 测绘成果的表现形式

测绘成果的表现形式涉及数据、信息、图件以及相关的技术资料等，主要有：

① 天文测量、大地测量、卫星大地测量、重力测量的数据和图件。

② 航空航天摄影和遥感的底片、磁带。

③ 各种地图(包括地形图、普通地图、地籍图、海图和其他有关的专题地图等)及其数字化成果。

④ 各类基础地理信息以及在基础地理信息基础上挖掘、分析形成的信息。

⑤ 工程测量数据和图件。

⑥ 地理信息系统中的测绘数据及其运行软件。

⑦ 其他有关地理信息数据。

⑧ 与测绘成果直接有关的技术资料和档案等。

6.1.2　测绘成果的特点

测绘成果是国家重要的基础性信息资源，作为测绘成果主要表现形式的基础地理信息是数据量最大、覆盖面最宽、应用面最广的战略性信息资源之一。基础地理信息资源的规模、品种和服务水平等已经成为国家信息化水平的一个重要标志。从测绘成果本身的含义及应用范围等方面来归纳分析，可以看出测绘成果具有以下特点：

(1) 科学性

测绘成果的生产、加工和处理等各个环节，都是依据一定的数学基础、测量理论，借助特定的测绘仪器设备和特定的软件系统来进行的，因此具有科学性。

(2) 保密性

测绘成果涉及自然地理要素和地表人工设施的形状、大小、空间位置及其属性，大部分测绘成果都涉及国家安全和利益，具有严格的保密性。

(3) 系统性

不同的测绘成果和其不同的表示形式，都依据一定的数学基础和投影法则，在一定的测绘基准和测绘系统控制下，按照“先控制，后碎部；先整体，后局部”的原则，有着内在的关联，所以具有系统性。

(4) 专业性

不同种类的测绘成果，由于专业方向不同，其表示形式和精度要求也不尽相同。如大地测量成果与房产测绘成果就有着明显的区别，但均带有很强的专业性。

(5) 具有著作权

测绘成果作为地图作品和文字作品，同时具有著作权。但测绘成果中的数据信息有直接关系到国家安全，涉及重大的公共利益问题，这就使得测绘成果著作权主体、权利行使、处分等方面具有特殊性。

6.2　测绘成果质量

6.2.1　测绘成果质量的概念

测绘成果质量是指测绘成果符合国家规定的测绘技术规范和标准，以及满足用户需求的特征、特性。测绘成果质量不仅关系到各项工程建设的质量和安全，还关系到国家规划决策的科学性、准确性，而且涉及国家主权、利益和民族尊严。因此，加强测绘成果质量管理，保证测绘成果质量，具有十分重要的意义。

6.2.2　测绘成果质量的监督管理

《测绘法》第三十九条规定：“县级以上人民政府测绘地理信息主管部门应当加强对测绘成果质量的监督管理。”依法进行测绘成果质量监督管理，是各级测绘地理信息主管部门的法定职责，是测绘成果管理的重要组成部分，也是注册测绘师执业的重要内容。

为加强测绘成果质量管理，国家测绘地理信息局于 2015 年 6 月印发了《测绘地理信息质量管理办法》，以规范测绘成果质量管理责任。

(1) 国家测绘地理信息局主要职责

① 负责全国测绘地理信息质量的统一监督管理。

② 对测绘地理信息质量实行监督检查制度。

甲、乙级测绘资质单位每 3 年监督检查覆盖一次，丙、丁级测绘资质单位每 5 年监督检查覆盖一次。

③ 按年度制订国家测绘地理信息质量监督检查计划。

④ 组织建立国家测绘地理信息成果质量检验专家库，专家库成员参加国家测绘地理信息成果质量监督检验工作。

⑤ 依法设立国家测绘地理信息局测绘成果质量检验机构(简称国家测绘质检机构)。

(2) 县级以上地方人民政府测绘地理信息行政主管部门主要职责

① 应当严格依法行政，负责本行政区域内测绘地理信息质量监督管理。

② 强化对测绘单位质量工作的日常监督管理；强化对测绘地理信息生产过程和成果质量的监督管理；强化对重大测绘地理信息项目和重大建设工程测绘地理信息项目质量的监督管理。

③ 依据上一级质量监督检查计划并结合本地情况，安排本级监督检查工作，报上一级测绘地理信息行政主管部门备案。

④ 应依法向社会公布监督检查结果，确属不宜向社会公布的，应依法抄告有关行政主管部门、有关权利人和利害相关人，并向上一级测绘地理信息行政主管部门备案。

⑤ 负责受理本行政区域内的测绘地理信息质量投诉、检举、申诉，依法进行处理。

⑥ 应加强对本行政区域内测绘单位、测绘地理信息项目质量和监督检查结果等信息的收集、汇总、分析和管理，下一级向上一级报告年度质量信息。

⑦ 应鼓励采用先进的科学技术和管理方法，提高测绘地理信息成果质量，对测绘地理信息质量管理先进、成果质量优异的单位和个人，给予表彰和奖励。

（3）测绘单位职责

《测绘地理信息质量管理办法》第四条规定："从事测绘地理信息活动的单位应建立健全质量管理体系，完善质量责任制度，依法取得测绘资质，依法对成果质量承担相应责任。"

① 测绘单位应当建立健全测绘成果质量管理体系

a. 测绘单位应按照质量管理体系建设要求，建立健全覆盖本单位测绘地理信息业务范围的质量管理体系，规范质量管理行为，确保质量管理体系的有效运行。

b. 甲、乙级测绘资质单位应设立质量管理和质量检查机构；丙、丁级测绘资质单位应设立专职质量管理和质量检查人员。测绘地理信息项目的技术和质检负责人等关键岗位必须由注册测绘师充任。

c. 测绘单位应当按照国家的《测绘资质分级标准》规定，全面推行质量管理，建立和完善测绘质量体系。甲级测绘资质单位应当通过 ISO 9000 系列质量保证体系认证；乙级测绘资质单位应当通过 ISO 9000 系列质量保证体系认证或者通过省级测绘地理信息行政主管部门考核；丙级测绘资质单位应当通过 ISO 9000 系列质量保证体系认证或者设区的市级以上测绘地理信息行政主管部门考核；丁级测绘资质单位应当通过县级以上测绘地理信息行政主管部门考核。申请互联网地图服务专业范围的，不受前款规定限制。

② 测绘单位应完善质量责任制

测绘单位应建立质量责任制，明确岗位职责，制定并落实岗位考核办法和质量责任。《测绘生产质量管理规定》第七条规定："测绘单位必须建立以质量为中心的技术经济责任制，明确各部门 、各岗位的职责及相互关系，规定考核办法，以作业质量、工作质量确保测绘产品质量。"

测绘单位可以按照测绘项目的实际情况实行项目质量负责人制度。项目质量负责人对该测绘项目的产品质量负直接责任。各级质量检查人员对其所检查的产品质量负责，并有权予以质量否决，有权越级反映质量问题。测绘单位主要人员的质量责任见表 6-1。

表 6-1　　测绘单位主要人员的质量责任

质量责任人	质量责任
测绘单位的法定代表人	确定本单位的质量方针和质量目标； 签发质量手册； 建立本单位的质量体系并保证其有效运行； 对提供的测绘产品承担产品质量责任

续表 6-1

质量责任人	质量责任
测绘单位的质量主管负责人	按照职责分工负责质量方针、质量目标的贯彻实施； 签发有关的质量文件及作业指导； 组织编制测绘项目的技术设计书，并对设计质量负责； 处理生产过程中的重大技术问题和质量争议； 审核技术总结； 审定测绘产品的交付验收
测绘单位的质量管理、质量检查机构及质量检查人员	在规定的职权范围内，负责质量管理的日常工作； 编制年度质量计划，贯彻技术标准及质量文件； 对作业过程进行现场监督和检查，处理质量问题； 组织实施内部质量审核工作

③ 测绘单位对其完成的测绘成果质量负责，承担相应的质量责任

a. 测绘单位是测绘成果生产的主体，必须自觉遵守国家有关质量管理的法律、法规，对其完成的测绘地理信息成果质量负责，所交付的成果，必须保证是合格品。

b. 测绘成果质量不合格的，不准提供使用，否则要依法承担相应的法律责任。测绘成果质量不合格的，责令测绘单位补测或者重测；情节严重的，责令停业整顿，并处降低测绘资质等级或者吊销测绘资质证书；造成损失的，依法承担赔偿责任。

c. 测绘单位应建立质量信息征集机制，主动征求用户对测绘地理信息成果质量的意见，并为用户提供咨询服务。测绘单位应及时、认真地处理用户的质量查询和反馈意见。与用户发生质量争议的，报项目所在地测绘地理信息行政主管部门进行处理，或依法诉讼。

④ 测绘单位对实施测绘地理信息项目的相关要求

a. 仪器设备

测绘地理信息项目实施所使用的仪器设备应按照国家有关规定进行检定、校准。用于基础测绘项目和规模化测绘地理信息生产的新技术、新工艺、新软件等，必须得到项目组织方同意或通过由项目组织方组织的检验、测试或鉴定。

b. “两级检查、一级验收”制度

测绘地理信息项目实行“两级检查、一级验收”制度。作业部门负责过程检查，测绘单位负责最终检查。过程成果达到规定的质量要求后方可转入下一工序。必要时，可在关键工序、难点工序设置检查点，或开展首件成果检验。项目委托方负责项目验收。基础测绘项目、测绘地理信息专项和重大建设工程测绘地理信息项目的成果未经测绘质检机构实施质量检验，不得采取材料验收、会议验收等方式验收，以确保成果质量；其他项目的验收应根据合同约定执行。

测绘地理信息项目通过验收后，测绘单位应将项目质量信息报送项目所在地测绘地理信息行政主管部门。

c. 监理工作

国家法律法规或委托方有明确要求实施监理的测绘地理信息项目，应依法开展监理工作，监理单位资质及监理工作实施应符合相关规定。监理单位对其出具的监理报告负责。

d. 合同评审制度

测绘单位应建立合同评审制度，确保具有满足合同要求的实施能力。测绘地理信息项目实施，应坚持先设计、后生产，不允许边设计边生产，禁止没有设计进行生产。技术设计文件需要审核的，由项目委托方审核批准后实施。

e. 分包责任

测绘地理信息项目依照国家有关规定实行项目分包的，分包出的任务由总承包方向发包方负完全责任。

6.3 测绘成果的汇交与保管

6.3.1 测绘成果汇交

为充分发挥测绘成果的作用，提高测绘成果的使用效益，降低政府行政管理成本，实现测绘成果的共建共享，国家实行测绘成果汇交制度。

测绘成果汇交是指向法定的测绘公共服务和公共管理机构提交测绘成果副本或者目录，由测绘公共服务和公共管理机构编制测绘成果目录，并向社会发布信息，利用汇交的测绘成果副本更新测绘公共产品和依法向社会提供利用。

(1) 测绘成果汇交特点

① 法定性

测绘成果汇交制度是《测绘法》确定的一项重要法律制度。《测绘法》和《中华人民共和国测绘成果管理条例》(以下简称《测绘成果管理条例》)不仅规定了测绘成果汇交的主体、接受主体和汇交的形式，同时也规定了测绘成果汇交的具体内容和具体程序。因此，测绘成果汇交具有法定性。

② 无偿性

测绘成果汇交的目的是促进测绘成果的广泛利用，提高测绘成果的使用效益。根据《测绘成果管理条例》的相关规定，汇交测绘成果目录和副本实行无偿汇交。汇交的测绘成果副本的版权依法受到保护，任何部门和单位不得向第三方提供。

③ 完整性

测绘成果具有科学性、系统性和专业性等特点，测绘成果所包含的数据、信息、图件以及相关的技术资料是有机统一的整体，不可分割。因此，测绘成果汇交必须完整。

④ 时效性

测绘成果所承载的自然地理要素或者地表人工设施的形状、大小、空间位置及其属性信息会不断发生变化，测绘成果汇交必须坚持一定的时效性。《测绘成果管理条例》第九条规定："测绘项目出资人或者承担国家投资的测绘项目的单位应当自测绘项目验收完成之日起3个月内，向测绘地理信息行政主管部门汇交测绘成果副本或者目录。"

(2) 测绘成果汇交的主体

① 测绘项目出资人

按照现行测绘法律、行政法规的规定，对没有使用国家投资的测绘项目，或者是由公民、法人或者其他组织自行出资的测绘项目，由测绘项目出资人按照规定向测绘项目所在地的省、自治区、直辖市测绘地理信息行政主管部门汇交测绘成果目录，测绘成果汇交的主体为测绘项目出资人。依法汇交测绘成果目录，是测绘项目出资人的法定义务。

② 承担测绘项目的测绘单位

基础测绘项目或者国家投资的其他测绘项目，测绘成果汇交的主体为承担测绘项目的单位，由测绘单位汇交测绘成果副本或者目录。中央财政投资完成的测绘项目，由承担测绘项目的单位向国务院测绘地理信息行政主管部门汇交测绘成果资料；地方财政投资完成的测绘项目，由承担测绘项目的单位向测绘项目所在地的省、自治区、直辖市人民政府测绘地理信息行政主管部门汇交测绘成果资料。属于基础测绘的，承担测绘项目的单位要依法汇交测绘成果副本。

③ 中方部门或者单位

《测绘成果管理条例》对外国的组织或者个人与中华人民共和国有关部门或者单位合资、合作，经批准在中华人民共和国领域内从事测绘活动的，明确规定测绘成果归中方部门或者单位所有，并由中方部门或者单位向国务院测绘地理信息行政主管部门汇交测绘成果副本。

④ 市、县级测绘地理信息行政主管部门

测绘单位或者测绘项目出资人按照属地管理的原则，将测绘成果资料汇交至所在地测绘地理信息行政主管部门，然后按照规定的时限，由市、县级测绘地理信息行政主管部门统一汇交至省级测绘地理信息行政主管部门。

(3) 测绘成果汇交的内容

按照《测绘法》《测绘成果管理条例》和国家测绘地理信息局制定的《关于汇交测绘成果目录和副本的实施办法》的相关规定，测绘成果汇交的主要内容包括测绘成果目录和副本两部分。测绘成果目录分为全国测绘成果目录和省级测绘成果目录。

① 测绘成果目录

a. 按国家基准和技术标准施测的一、二、三、四等天文、三角、导线、长度、水准测量成果的目录。

b. 重力测量成果的目录。

c. 具有稳固地面标志的全球定位测量(GPS)、多普勒定位测量、卫星激光测距(SLR)等空间大地测量成果的目录。

d. 用于测制各种比例尺地形图和专业测绘的航空摄影底片的目录。

e. 我国自己拍摄的和收集国外的可用于测绘或修测地形图及其他专业测绘的卫星摄影底片和磁带的目录。

f. 面积在 10 km^2 以上的 1∶500～1∶2 000 比例尺地形图和整幅的 1∶5 000～1∶100 万比例尺地形图(包括影像地图)的目录。

g. 其他普通地图、地籍图、海图和专题地图的目录。

h. 上级有关部门主管的跨省区、跨流域，面积在 50 km^2 以上，以及其他重大国家项目的工程测量的数据和图件目录。

i. 县级以上地方人民政府主管的面积在省管限额以上(由各省、自治区、直辖市人民政府颁发的测绘行政管理法规确定)的工程测量的数据和图件目录。

以上汇交的目录均为一式一份。

② 测绘成果副本

a. 按国家基准和技术标准施测的一、二、三、四等天文、三角、导线、长度、水准测量成果的成果表、展点图(路线图)、技术总结和验收报告的副本。

b. 重力测量成果的成果表(含重力值归算、点位坐标和高程、重力异常值)、展点图、异常图、技术总结和验收报告的副本。

c. 具有稳固地面标志的全球定位测量(GPS)、多普勒定位测量、卫星激光测距(SLR)等空间大地测量的测量成果、布网图、技术总结和验收报告的副本。

d. 正式印制的地图,包括各种正式印刷的普通地图、政区地图、教学地图、交通旅游地图,以及全国性和省一级的其他专题地图。

以上汇交的副本,除地图一式两份外,其他均为一式一份。

③ 基础测绘成果汇交的内容

依据《测绘法》和《测绘成果管理条例》的相关规定,测绘成果属于基础测绘成果的,应当汇交副本;属于非基础测绘成果的,应当汇交目录。

下列测绘成果为基础测绘成果:

a. 为建立全国统一的测绘基准和测绘系统进行的天文测量、三角测量、水准测量、卫星大地测量、重力测量所获取的数据、图件。

b. 基础航空摄影所获取的数据、影像资料。

c. 遥感卫星和其他航天飞行器对地观测所获取的基础地理信息遥感资料。

d. 国家基本比例尺地图、影像图及其数字化产品。

e. 基础地理信息系统的数据、信息等。

上述基础测绘成果应当由承担基础测绘项目的测绘单位依法汇交测绘成果副本。

(4) 测绘成果汇交管理规定

① 测绘地理信息行政主管部门自收到汇交的测绘成果副本或者目录之日起 10 个工作日内,应当将其移交给测绘成果保管单位。

② 国务院测绘地理信息行政主管部门和省、自治区、直辖市人民政府测绘地理信息行政主管部门应当定期编制测绘成果资料目录,向社会公布。

③ 国务院有关部门当年完成的测绘成果的目录和副本应在第二年三月底之前向国家测绘地理信息局汇交;县级以上地方人民政府有关部门当年完成的测绘成果的目录和副本应在第二年三月底之前向本省、自治区、直辖市人民政府管理测绘工作的部门汇交。

④ 国家测绘地理信息局所属全国测绘资料信息中心负责具体接收应向国家测绘地理信息局汇交的测绘成果目录和副本,并负责每年编制一次测绘成果目录向有关使用单位提供。

⑤ 委托测绘的项目,其完成的测绘成果目录和副本由委托方负责汇交。

⑥ 外国组织或者个人经批准在中华人民共和国领域和管辖的其他海域单独测绘时,由中方接待单位督促其在测绘任务完成后即直接向国家测绘地理信息局提交全部测绘成果副本一式两份;与中华人民共和国有关部门、单位合作测绘时,由中方合作者在测绘任务完成后的两个月内,向国家测绘地理信息局提交全部测绘成果副本一式两份。

(5) 测绘成果汇交法律责任

测绘成果汇交的法律责任，主要包括以下三个方面：

① 不按照规定汇交测绘成果资料的法律责任

《测绘法》第六十条对测绘成果汇交主体不按照规定汇交测绘成果资料的法律责任做出了具体的规定："违反本法规定，不汇交测绘成果资料的，责令限期汇交；测绘项目出资人逾期不汇交的，处重测所需费用一倍以上二倍以下的罚款；承担国家投资的测绘项目的单位逾期不汇交的，处五万元以上二十万元以下的罚款，并处暂扣测绘资质证书，自暂扣测绘资质证书之日起六个月内仍不汇交的，吊销测绘资质证书；对直接负责的主管人员和其他直接责任人员，依法给予处分。"

② 测绘地理信息行政主管部门的法律责任

《测绘成果管理条例》第二十六条对测绘行政主管部门的法律责任进行了具体的规定，明确县级以上人民政府测绘行政主管部门有下列行为之一的，由本级人民政府或者上级人民政府测绘行政主管部门责令改正，通报批评；对直接负责的主管人员和其他直接责任人员，依法给予处分：

a. 接收汇交的测绘成果副本或者目录，未依法出具汇交凭证的；

b. 未及时向测绘成果保管单位移交测绘成果资料的；

c. 未依法编制和公布测绘成果资料目录的；

d. 发现违法行为或者接到对违法行为的举报后，不及时进行处理的；

e. 不依法履行监督管理职责的其他行为。

③ 测绘成果保管单位的法律责任

《测绘成果管理条例》第二十八条规定，测绘成果保管单位有下列行为之一的，由测绘行政主管部门给予警告，责令改正；有违法所得的，没收违法所得；造成损失的，依法承担赔偿责任；对直接负责的主管人员和其他直接责任人员，依法给予处分：

a. 未按照测绘成果资料的保管制度管理测绘成果资料，造成测绘成果资料损毁、散失的；

b. 擅自转让汇交的测绘成果资料的；

c. 未依法向测绘成果的使用人提供测绘成果资料的。

6.3.2　测绘成果保管

(1) 测绘成果保管的概念

由于测绘成果具有专业性、系统性、保密性等特点，同时测绘成果又以纸质资料和数据形态共同存在，因此测绘成果的保管不同于一般的文档资料。测绘成果保管是指测绘成果保管单位依照国家有关档案法律、行政法规的规定，采取科学的防护措施和手段，对测绘成果进行归档、保存和管理的活动。

(2) 测绘成果保管相关规定

① 测绘成果保管要采取安全保障措施

由于测绘成果是广大测绘工作者在不同时期获取的自然地理要素和地表人工设施的真实反映，不仅数量大，而且测绘成果的获取需要花费大量人力、物力和财力，测绘成果一经丢失、损坏，便必须再到实地重新测绘。《测绘法》第三十四条规定："测绘成果保管单位应当采取措施保障测绘成果的完整和安全"。所以测绘成果资料的存放设施与条件，应当符合国家保密、消防及档案管理的有关规定和要求。

② 基础测绘成果保管要采取异地备份存放制度

基础测绘成果是国家经济建设、国防建设和社会发展的重要保障和基础，为保障国家基础测绘成果资料的安全，要避免出现基础测绘成果资料由于意外情况造成毁坏、散失。《测绘成果管理条例》第十一条规定，测绘成果保管单位应当建立健全测绘成果资料的保管制度，配备必要的设施，确保测绘成果资料的安全，并对基础测绘成果资料实行异地备份存放制度。

③ 测绘成果保管不得损毁、散失和转让

由于测绘成果的重要性、保密性和具有著作权特点，《测绘成果管理条例》第十二条规定："测绘成果保管单位应当按照规定保管测绘成果资料，不得损毁、散失、转让。"

④ 测绘成果保管的法律责任

《测绘成果管理条例》第二十八条规定，测绘成果保管单位有下列行为之一的，由测绘行政主管部门给予警告，责令改正；有违法所得的，没收违法所得；造成损失的，依法承担赔偿责任；对直接负责的主管人员和其他直接责任人员，依法给予处分：

a. 未按照测绘成果资料的保管制度管理测绘成果资料，造成测绘成果资料损毁、散失的；

b. 擅自转让汇交的测绘成果资料的；

c. 未依法向测绘成果的使用人提供测绘成果资料的。

6.4 测绘地理信息档案管理

测绘地理信息档案是指测绘地理信息系统各单位在履行管理职能和开展各项业务活动中直接形成的，对国家、社会和本单位具有保存价值的各种文字、图表、音像、电子数据等形式和载体的历史记录。

2017 年 7 月，国家测绘地理信息局、国家档案局印发的《测绘地理信息档案管理规定》做出了详细规定，测绘地理信息档案是测绘地理信息事业的重要信息资源，是各单位履行职责、开展业务的信息支持和保障，是国家档案资源建设的组成部分。各级测绘地理信息主管部门及其所属单位应当依法开展档案工作，把档案工作列入本单位发展规划和工作计划，建立健全档案管理制度，统筹安排档案工作所需经费，依法维护档案的完整与安全，为档案的科学管理和档案信息的开发利用提供保障，应当加强档案法规和档案知识宣传教育，提高档案管理水平和服务意识。

6.4.1 测绘地理信息档案管理的原则

测绘地理信息档案工作是测绘地理信息工作的组成部分。测绘地理信息档案工作实行统一领导、分级管理的原则。

国家测绘地理信息局对全国测绘地理信息档案工作实行监督和指导，在业务上接受国家档案行政管理部门的监督和指导。

地方各级测绘地理信息主管部门对本行政区域内测绘地理信息档案工作实行监督和指导，在业务上接受同级档案行政管理部门和上级测绘地理信息行政主管部门的监督和指导。

6.4.2 测绘地理信息档案工作机构职责分工

(1) 国家测绘地理信息局办公室、测绘成果管理司

① 贯彻执行档案工作的法律、法规，建立健全测绘地理信息档案工作规章制度。

② 监督和指导测绘地理信息业务档案工作。

③ 监督和指导测绘地理信息系统及国家测绘地理信息局所属单位文书等门类档案工作。

④ 统一管理国家测绘地理信息局机关档案，对局机关各司室文件材料的形成、积累和归档工作进行业务监督和指导。

⑤ 负责国家测绘地理信息局机关档案信息化工作，开发机关档案信息资源，参与机关电子文件全程管理，负责局机关电子文件归档和电子档案管理。

⑥ 按照国家有关规定向中央档案馆移交档案。

国家测绘档案资料馆是国家测绘地理信息业务档案保管机构，承担测绘地理信息业务档案管理工作。

(2) 各级测绘地理信息主管部门及其所属单位

① 贯彻落实上级主管部门有关档案工作规定和工作部署，承担本单位档案管理职能，制定本单位档案工作管理办法并组织实施。

② 具有行政管理职能的单位在业务上受上级行政主管部门和同级档案行政主管部门的监督和指导，对所属单位档案工作进行监督和指导，并对系统内下级单位的档案工作进行业务指导。

③ 统一管理本单位的档案，监督和指导本单位所属部门做好各门类档案的形成、积累和归档工作。

④ 负责本单位档案信息化工作，参与本单位电子文件全程管理工作，负责本单位电子文件归档和电子档案管理。

⑤ 按照国家有关规定向同级国家综合档案馆移交档案。

国家测绘地理信息局所属各单位负责本单位档案管理的具体工作，应当明确档案工作分管领导，设立专门档案工作机构或者指定负责档案工作的综合机构，并向国家测绘地理信息局办公室备案。各单位应当为档案部门配备与本单位档案数量、门类和发展要求相适应的档案工作人员，并保持相对稳定。

(3) 各单位所属部门

① 负责本部门应当归档的各种门类、形式和载体的文件材料的收集工作，保证归档文件材料的齐全完整。

② 对归档的文件按照各门类档案管理办法的相关规定进行整理，做到分类清楚、鉴定准确、排列有序，并按规定向本单位档案部门归档。

③ 接受本单位档案工作机构的指导与检查。

各单位所属部门应当根据档案工作要求，明确档案工作承办人，并向本单位档案工作机构备案。

6.4.3 测绘地理信息档案的接收

(1) 各单位按要求编制本单位的文件材料归档范围和档案保管期限表，归档范围、保管期限应当划分科学、准确。国家测绘地理信息局制定和完善机关文书档案、测绘地理信息业务档案及其他门类档案的文件材料归档范围和档案保管期限表，并经批准后执行。各单位制定和完善本单位文件材料归档范围和档案保管期限表，报国家测绘地理信息局档案工作机构批准后执行。

(2) 各单位加大档案收集整理力度，加强对档案收集整理工作的监督和指导，确保档案应收尽收、应归尽归。对重点工作、重大活动、重大建设项目、重大科研项目等活动中形成的档案，实行档案工作与专项活动工作进程同步管理。

(3) 各单位确定档案的具体接收范围，并接收本单位在工作中直接形成的各种门类、形式和载体的档案。应当归档的文件材料由各单位有关部门按照职责分工负责收集齐全并按相关规定进行整理，定期向本单位档案部门归档。与纸质或其他载体形式的文件相对应的电子文件应当一并归档。任何单位、部门或个人不得将应当归档文件材料据为己有或拒绝归档。

(4) 各单位对接收范围内的档案按规定实行集中统一管理，不得由各承办部门和个人分散保存。各单位所属部门应当按照规定时限向本单位档案部门归档，并办理归档手续。档案部门接收的档案应当符合归档质量要求。

6.4.4 测绘地理信息档案的管理

各单位测绘地理信息档案的管理应当依据国家相关规定，结合工作需要建立健全本单位各门类档案管理制度，并进行具体管理。

(1) 鉴定

各单位对保管期限已满的档案，应当及时进行鉴定。鉴定工作结束后，应由档案工作机构提出档案鉴定报告。

国家测绘地理信息局机关的档案鉴定工作在办公室负责人主持下，由档案工作机构和有关业务部门组成鉴定小组共同进行。单位的档案鉴定工作在分管档案工作的单位负责人主持下，由办公室、档案工作机构和有关业务部门组成鉴定小组共同进行。

(2) 销毁

销毁档案必须按照规定履行相关手续。未经批准，不得销毁任何档案。

(3) 接收与移交

各单位档案工作机构对接收的各种门类、形式和载体的档案，应当按照国家有关档案分类的标准规范要求进行分类、整理编目和保管。档案工作机构应当分别建立接收、移出档案登记台账，及时对接收和移出的档案进行登记。

各单位应当按照国家档案移交的有关规定，定期移交档案。单位撤销或合并的，应当将本单位的全部档案认真整理，妥善保管，不得分散，并按国家有关规定保管、移交。临时机构撤销时，其档案向设立该机构的单位移交。

(4) 档案管理对各单位的相关要求

① 档案工作机构应当对档案的接收、整理、保管、利用、移交、销毁等情况进行统计，并按照规定报送本单位档案工作基本情况统计表。

② 加强档案信息化建设。

③ 为开展档案工作提供必要的条件，做到档案工作人员办公室、档案库房、档案阅览室三室分开。

④ 建立健全档案安全保密管理制度。

⑤ 建立档案安全管理责任制，档案工作机构应当建立库存档案和设备定期检查制度。

⑥ 重要测绘地理信息档案应当实行异地备份保管，重要电子档案应当实行异质备份

保管。

6.4.5　档案信息资源的开发与利用

（1）主动开发、挖掘档案信息资源，不断创新服务形式，强化服务功能，积极提供档案信息服务，满足各方面对测绘地理信息档案的利用需求。

（2）加快推进传统载体档案数字化和利用网络化，运用信息化手段对档案信息资源进行管理开发，以方便检索利用，实现资源共享。

（3）加强电子档案利用基础设施建设，保证电子档案得到方便快捷的利用。对已完成数字化的档案，其原件一般不再提供利用。网络利用档案应当采取有效的安全保护措施，对上网文件、档案进行严格审查，禁止把涉密文件和档案传输到非涉密或密级不符的网络。

6.5　测绘成果的保密管理

为了保守国家秘密，维护国家的安全和利益，2010年4月29日第十一届全国人民代表大会常务委员会第十四次会议修订了《中华人民共和国保守国家秘密法》（以下简称《保守国家秘密法》）。该法第三条规定："国家秘密受法律保护。一切国家机关、武装力量、政党、社会团体、企业事业单位和公民都有保守国家秘密的义务。任何危害国家秘密安全的行为，都必须受到法律追究。"

6.5.1　测绘成果保密的概念和密级划分

（1）测绘成果保密的概念

测绘成果保密，是指测绘成果由于涉及国家秘密，综合运用法律和行政手段将测绘成果严格限定在一定范围内和被一定的人员知悉的活动。

测绘成果保密具有以下特点：

① 测绘成果涉及的国家秘密事项是客观存在的实物。

② 测绘成果涉及的国家秘密事项具有广泛性。

③ 涉及国家秘密的测绘成果数量大，涉及面广。

④ 测绘成果涉及的国家秘密事项保密时间长。

⑤ 测绘成果不同于其他文件、档案等保密资料。

（2）测绘成果密级划分

《保守国家秘密法》第十条规定："国家秘密的密级分为绝密、机密、秘密三级。绝密级国家秘密是最重要的国家秘密，泄露会使国家安全和利益遭受特别严重的损害；机密级国家秘密是重要的国家秘密，泄露会使国家安全和利益遭受严重的损害；秘密级国家秘密是一般的国家秘密，泄露会使国家安全和利益遭受损害。"

大量的测绘成果属于国家秘密，测绘成果也相应地划分为秘密测绘成果和公开测绘成果两类。2003年12月23日，国家测绘地理信息局和国家保密局又联合印发了《测绘管理工作国家秘密范围的规定》，对测绘成果的密级进行了严格的划分。测绘管理工作国家秘密目录见表6-2。

表 6-2　测绘管理工作国家秘密目录

序号	国家秘密事项名称	密级
1	国家大地坐标系、地心坐标系以及独立坐标系之间的相互转换参数	绝密
2	分辨率高于 $5'\times5'$，精度优于 ±1 mGal 的全国性高精度重力异常成果	绝密
3	1∶1 万、1∶5 万全国高精度数字高程模型	绝密
4	地形图保密处理技术参数及算法	绝密
5	国家等级控制点坐标成果以及其他精度相当的坐标成果	机密
6	国家等级天文、三角、导线、卫星大地测量的观测成果	机密
7	国家等级重力点成果及其他精度相当的重力点成果	机密
8	分辨率高于 $30'\times30'$，精度优于 ±5 mGal 的重力异常成果；精度优于 ±1 m 的高程异常成果；精度优于 $\pm3''$ 的垂线偏差成果	机密
9	涉及军事禁区的大于或等于 1∶1 万的国家基本比例尺地形图及其数字化成果	机密
10	1∶2.5 万、1∶5 万和 1∶10 万国家基本比例尺地形图及其数字化成果	机密
11	空间精度及涉及的要素和范围相当于上述机密基础测绘成果的非基础测绘成果	机密
12	构成环线或线路长度超过 1 000 km 的国家等级水准网成果资料	秘密
13	重力加密点成果	秘密
14	分辨率在 $30'\times30'$ 至 $1^\circ\times1^\circ$，精度在 ±5 mGal 至 ±10 mGal 的重力异常成果；精度在 ±1 m 至 ±2 m 的高程异常成果；精度在 $\pm3''$ 至 $\pm6''$ 的垂线偏差成果	秘密
15	非军事禁区 1∶5 000 国家基本比例尺地形图；或多张连续的、覆盖范围超过 6 km^2 的大于 1∶5 000 的国家基本比例尺地形图及其数字化成果	秘密
16	1∶50 万、1∶25 万、1∶1 万国家基本比例尺地形图及其数字化成果	秘密
17	军事禁区及国家安全要害部门所在地的航摄影像	秘密
18	空间精度及涉及的要素和范围相当于上述秘密基础测绘成果的非基础测绘成果	秘密
19	涉及军事、国家安全要害部门的点位名称及坐标；涉及国民经济重要工程设施精度优于 ±100 m 的点位坐标	秘密

随着测绘科技进步和测绘事业的发展，测绘成果的种类和表现形式越来越多，测绘成果的保密问题也越来越突出，国家相关法律法规也在逐步更新。2016 年 1 月，国家测绘地理信息局联合军队有关部门印发《关于规范卫星导航定位基准站数据密级划分和管理的通知》，推进《测绘管理工作国家秘密范围的规定》修订工作取得积极成果，并对基准站数据密级进行了划分。卫星导航定位基准站数据密级划分见表 6-3。

表 6-3　　卫星导航定位基准站数据密级划分表

数据内容		基准站类型	密级划分	管理措施
观测数据	伪距、载波相位观测数据、多普勒观测数据	作战指挥工程和重要军事设施区域内的基准站	机密	按照国家保密要求进行传输和管理
		其他军事禁区内的基准站	秘密	
		普通基准站		受控管理； 采用专网或商用密码手段加密保护后向数据中心进行传输
数据中心数据	基准站坐标、基准站网观测数据	军事禁区内的基准站	机密	按照国家保密要求进行传输和管理
		普通基准站	秘密	
	起算点坐标、区域坐标转换模型、区域似大地水准面高程异常值	所有基准站	按照《测绘管理工作国家秘密范围的规定》执行	按照国家保密要求进行传输和管理
	基准站站点信息	军事禁区内的基准站	机密	按照国家保密要求进行传输和管理
		普通基准站		受控管理； 采取用户审核注册的方式提供服务
服务数据	实时差分服务数据	所有基准站		受控管理； 采取用户审核注册的方式提供服务，其中提供优于 1 m 精度服务的，基准站数据中心管理部门审核注册后应向省级以上测绘地理信息行政主管部门报备用户及使用目的等信息
	观测数据	普通基准站		
	精密后处理服务数据	所有基准站		可公开

6.5.2　测绘成果保密管理规定

(1)《测绘法》的相关规定

测绘成果属于国家秘密的，适用保密法律、行政法规的规定；需要对外提供的，按照国务院和中央军事委员会规定的审批程序执行。测绘成果的秘密范围和秘密等级，应当依照保密法律、行政法规的规定，按照保障国家秘密安全、促进地理信息共享和应用的原则确定并及时调整、公布。

(2)《测绘成果管理条例》的相关规定

① 测绘成果保管单位应当建立健全测绘成果资料的保管制度，配备必要的设施，确保测绘成果资料的安全，并对基础测绘成果资料实行异地备份存放制度。

② 利用涉及国家秘密的测绘成果开发生产的产品，未经国务院测绘行政主管部门或者省、自治区、直辖市人民政府测绘行政主管部门进行保密技术处理的，其秘密等级不得低于所用测绘成果的秘密等级。

③ 法人或者其他组织需要利用属于国家秘密的基础测绘成果的，应当提出明确的利用

目的和范围，报测绘成果所在地的测绘行政主管部门审批。测绘行政主管部门审查同意的，应当以书面形式告知测绘成果的秘密等级、保密要求以及相关著作权保护要求。

④ 对外提供属于国家秘密的测绘成果，应当按照国务院和中央军事委员会规定的审批程序，报国务院测绘行政主管部门或者省、自治区、直辖市人民政府测绘行政主管部门审批；测绘行政主管部门在审批前，应当征求军队有关部门的意见。

(3)《保守国家秘密法》的相关规定

① 国家秘密载体的制作、收发、传递、使用、复制、保存、维修和销毁，应当符合国家保密规定。绝密级国家秘密载体应当在符合国家保密标准的设施、设备中保存，并指定专人管理；未经原定密机关、单位或者其上级机关批准，不得复制和摘抄；收发、传递和外出携带，应当指定人员负责，并采取必要的安全措施。

② 存储、处理国家秘密的计算机信息系统（以下简称涉密信息系统）按照涉密程度实行分级保护。涉密信息系统应当按照国家保密标准配备保密设施、设备。保密设施、设备应当与涉密信息系统同步规划，同步建设，同步运行。

③ 机关、单位对外交往与合作中需要提供国家秘密事项，或者任用、聘用的境外人员因工作需要知悉国家秘密的，应当报国务院有关主管部门或者省、自治区、直辖市人民政府有关主管部门批准，并与对方签订保密协议。

(4)《关于进一步加强涉密测绘成果管理工作的通知》的相关规定

① 航空摄影成果先送审后提供使用。未按照国务院、中央军委有关规定，经有关军区进行保密审查的航空摄影成果一律不得提供使用。

② 按照先归档入库再提供使用来管理涉密测绘成果。国家级基础测绘成果向国家基础地理信息中心归档入库；地方基础测绘成果向地方相应测绘成果保管单位归档入库。

③ 涉密测绘成果需要向其他法人或者组织提供使用的，必须按管理权限报测绘成果所在地的县级以上测绘地理信息行政主管部门批准同意。

④ 涉密测绘成果使用单位，必须依据经审批同意的使用目的和范围使用涉密测绘成果。使用目的达成或项目完成后，使用单位必须按照有关规定及时销毁涉密测绘成果。如需要用于其他目的，应另行办理审批手续。任何单位和个人不得擅自复制、转让或转借涉密测绘成果。

(5)《国家测绘地理信息局关于加强涉密测绘成果管理工作的通知》的相关规定

① 涉密单位应当建立保密管理领导责任制，设立保密工作机构，配备保密管理人员。应当区分核心、重要和一般涉密人员，进行岗前涉密资格审查，签订保密责任书。

② 涉密单位应当建立严格登记管理制度，加强涉密计算机和存储介质的管理。

③ 涉密单位要确定涉密测绘成果保密要害部门。

④ 涉密单位不得使用无安全保密保障的设备处理、传输、存储涉密测绘成果。

⑤ 经审批获得的涉密测绘成果使用完成后，用户要及时销毁涉密测绘成果，由专人核对、造册、报批，并报提供成果的单位备案；也可请提供成果的单位核对、回收，统一销毁。

⑥ 用户若委托第三方承担利用任务的，第三方必须具有相应的成果保密条件，必须签订成果保密责任书，第三方承担相关保密责任。

⑦ 涉密测绘成果严格实行“管”“用”分开。

⑧ 要按照国家相关定密、标密规定，及时、准确地为测绘活动中产生的涉密测绘成果或

衍生产品标明密级和保密期限。

⑨ 经国家批准的中外经济、文化、科技合作项目，凡涉及对外提供我国涉密测绘成果的，要依法报国家测绘地理信息局或者省、自治区、直辖市测绘地理信息行政主管部门审批后再对外提供。

⑩ 外国的组织或者个人经批准在中华人民共和国领域内从事测绘活动的，所产生的测绘成果归中方部门或单位所有；未经国家测绘地理信息局批准，不得向外方提供，不得以任何形式将测绘成果携带或者传输出境。严禁任何单位和个人未经批准擅自对外提供涉密测绘成果。

(6)《关于加强涉密测绘地理信息安全管理的通知》的相关规定

① 充分认识加强涉密测绘地理信息安全管理的重要性和紧迫性。各级测绘地理信息行政主管部门和各级各类测绘地理信息生产、保管、使用单位，必须高度重视、加强领导，充分认识新形势下地理信息安全的极端重要性，增强责任意识和紧迫感，切实加强涉密测绘地理信息安全管理。

② 狠抓涉密测绘地理信息安全管理基础工作：认真落实安全保密工作责任制；着力健全安全保密管理制度；大力开展安全保密宣传教育；切实加强安全保密检查。

③ 明确涉密测绘地理信息安全重点环节管理要求，包括涉密计算机和涉密信息系统管理要求、介质使用和保管要求、涉密计算机外接设备管理要求、涉密信息系统配置管理要求、涉密载体销毁管理要求。

④ 强化涉密测绘地理信息监管措施：严格涉密测绘成果提供使用审批管理；加强涉密测绘成果跟踪监管；落实核心涉密人员保密管理制度；建立健全监管机制；加强监管能力建设；营造监管良好环境。

6.5.3　测绘地理信息行政主管部门监督管理职责

(1) 确定测绘成果的秘密范围和秘密等级

《测绘成果管理条例》第十六条第一款规定："国家保密工作部门、国务院测绘行政主管部门应当商军队测绘主管部门，依照有关保密法律、行政法规的规定，确定测绘成果的秘密范围和秘密等级。"

(2) 进行保密技术处理

《测绘成果管理条例》第十六条第二款规定："利用涉及国家秘密的测绘成果开发生产的产品，未经国务院测绘行政主管部门或者省、自治区、直辖市人民政府测绘行政主管部门进行保密技术处理的，其秘密等级不得低于所用测绘成果的秘密等级。"

(3) 审批属于国家秘密的基础测绘成果

《测绘成果管理条例》第十七条第一款规定："法人或者其他组织需要利用属于国家秘密的基础测绘成果的，应当提出明确的利用目的和范围，报测绘成果所在地的测绘行政主管部门审批。"

(4) 告知申请人测绘成果的秘密等级、保密要求以及相关著作权保护要求

《测绘成果管理条例》第十七条第二款规定："测绘行政主管部门审查同意的，应当以书面形式告知测绘成果的秘密等级、保密要求以及相关著作权保护要求。"

(5) 对外提供属于国家秘密的测绘成果审批

《测绘成果管理条例》第十八条规定："对外提供属于国家秘密的测绘成果，应当按照国

务院和中央军事委员会规定的审批程序，报国务院测绘行政主管部门或者省、自治区、直辖市人民政府测绘行政主管部门审批；测绘行政主管部门在审批前，应当征求军队有关部门的意见。”

(6) 配合保密部门进行保密检查

《保守国家秘密法》第四十四条规定：“保密行政管理部门对机关、单位遵守保密制度的情况进行检查，有关机关、单位应当配合。”

(7) 对提供、使用保密成果的单位进行监督检查

《行政许可法》第六十一条规定，“行政机关应当建立健全监督制度，通过核查反映被许可人从事行政许可事项活动情况的有关材料，履行监督责任。行政机关依法对被许可人从事行政许可事项的活动进行监督检查时，应当将监督检查的情况和处理结果予以记录，由监督检查人员签字后归档。公众有权查阅行政机关监督检查记录。”

6.5.4 对测绘成果涉密人员的规定

(1)《保守国家秘密法》的相关规定

① 在涉密岗位工作的人员(以下简称涉密人员)，按照涉密程度分为核心涉密人员、重要涉密人员和一般涉密人员，实行分类管理。任用、聘用涉密人员应当按照有关规定进行审查。

② 涉密人员应当具有良好的政治素质和品行，具有胜任涉密岗位所要求的工作能力。涉密人员的合法权益受法律保护。

③ 涉密人员上岗应当经过保密教育培训，掌握保密知识技能，签订保密承诺书，严格遵守保密规章制度，不得以任何方式泄露国家秘密。

④ 涉密人员出境应当经有关部门批准，有关机关认为涉密人员出境将对国家安全造成危害或者对国家利益造成重大损失的，不得批准出境。

⑤ 涉密人员离岗离职实行脱密期管理。涉密人员在脱密期内，应当按照规定履行保密义务，不得违反规定就业，不得以任何方式泄露国家秘密。

(2)《关于进一步贯彻落实测绘成果核心涉密人员保密管理制度的通知》(国测成发〔2011〕11 号)的相关规定

① 进一步完善测绘成果核心涉密人员岗位管理制度：明确测绘成果核心涉密人员工作职责；强化测绘成果核心涉密人员履职能力；坚持测绘成果核心涉密人员持证上岗制度。

② 进一步完善测绘成果核心涉密人员岗位培训机制：加强岗位培训工作的组织领导；明确岗位培训工作的职责分工；规范岗位培训证书的使用与管理。

③ 进一步加大测绘成果核心涉密人员保密管理力度：严格审查测绘成果核心涉密人员任职资格；健全测绘成果核心涉密人员各项管理制度；切实落实测绘成果核心涉密人员监管要求。

6.6 测绘成果的提供利用

测绘成果提供利用指测绘成果生产单位或者测绘成果保管单位根据合同约定或者测绘成果使用者的申请，依照国家有关规定提供利用测绘成果的活动。大多数测绘成果都涉及国家秘密，测绘成果提供利用必须严格遵守国家测绘、保密等有关法律和行政法规的规定。

(1)《测绘成果管理条例》的相关规定

① 县级以上人民政府测绘行政主管部门应当积极推进公众版测绘成果的加工和编制工作，并鼓励公众版测绘成果的开发利用，促进测绘成果的社会化应用。

② 使用财政资金的测绘项目和使用财政资金的建设工程测绘项目，有关部门在批准立项前应当书面征求本级人民政府测绘行政主管部门的意见。测绘行政主管部门应当自收到征求意见材料之日起 10 日内，向征求意见的部门反馈意见。有适宜测绘成果的，应当充分利用已有的测绘成果，避免重复测绘。

③ 利用涉及国家秘密的测绘成果开发生产的产品，未经国务院测绘行政主管部门或者省、自治区、直辖市人民政府测绘行政主管部门进行保密技术处理的，其秘密等级不得低于所用测绘成果的秘密等级。

④ 法人或者其他组织需要利用属于国家秘密的基础测绘成果的，应当提出明确的利用目的和范围，报测绘成果所在地的测绘行政主管部门审批。测绘行政主管部门审查同意的，应当以书面形式告知测绘成果的秘密等级、保密要求以及相关著作权保护要求。

⑤ 对外提供属于国家秘密的测绘成果，应当按照国务院和中央军事委员会规定的审批程序，报国务院测绘行政主管部门或者省、自治区、直辖市人民政府测绘行政主管部门审批；测绘行政主管部门在审批前，应当征求军队有关部门的意见。

⑥ 基础测绘成果和财政投资完成的其他测绘成果，用于国家机关决策和社会公益性事业的，应当无偿提供。

⑦ 测绘成果涉及著作权保护和管理的，依照有关法律、行政法规的规定执行。

⑧ 建立以地理信息数据为基础的信息系统，应当利用符合国家标准的基础地理信息数据。

(2)《国家测绘地理信息局非涉密测绘地理信息成果提供使用管理办法》的相关规定

非涉密测绘地理信息成果(以下简称非密成果)，是指由中央财政投资、国家局及其所属单位组织生产、履行定密程序后确定为不涉及国家秘密的测绘地理信息成果。非密成果主要包括基础测绘、地理国情监测、应急测绘、航空航天遥感测绘、全球地理信息资源建设等业务形成的不涉及国家秘密的数据、信息、图件、报告。非密成果提供和使用应当遵循目录管理、分类保管、按需提供、鼓励使用的原则。国家局测绘成果管理司负责非密成果提供和使用的统一管理工作。国家局相关司室按照职责分工，负责非密成果有关管理工作。

① 提供

非密成果保管单位负责非密成果提供工作。非密成果保管单位应当依据相关规定，按照便民、高效的原则，制定本单位非密成果提供办法，报国家局批准后实施。

鼓励非密成果保管单位优先采用在线服务、前置服务等方式提供非密成果，一般不采用拷贝数据本体的方式提供。确需采用拷贝数据本体的方式提供非密成果，保管单位应当“一支笔”批准、“一个窗口”提供。

非密成果保管单位应当及时、高效提供非密成果，并与用户签订非密成果提供使用协议，明确双方权利与义务以及相关知识产权保护要求。

应急测绘保障过程中形成的非密成果、辅助决策用图等成果的应急提供，参照《基础测绘成果应急提供办法》执行，其成果可以先提供后纳入目录管理。

对外提供非密成果原则上采取国别化政策，向国外用户只提供其本国或者本地区范围内的非密成果。

提供覆盖范围广、数据量大、影响深的非密成果，以及对外提供涉及敏感地区、敏感时段的非密成果，应当报国家局批准。

国家局与有关部门开展合作时，涉及非密成果提供、共享等事宜的，相关牵头司室应当事先征求测绘成果管理司的意见。

② 使用

国家基础地理信息中心、国家局卫星测绘应用中心等有关单位应当通过保密技术处理，积极推进公众版测绘地理信息成果的加工和编制工作，增加非密成果的有效供给，促进测绘地理信息成果的社会化应用。

非密成果保管单位应当按照国家有关法律法规和政策，依托国家地理信息公共服务平台"天地图"、全国地理信息资源目录服务系统，积极主动开放共享所保管的非密成果。

鼓励非密成果保管单位通过合作开发、资源置换、代理销售、技术服务等方式，丰富非密成果产品，加速非密成果的商业化应用和产业化进程，深入服务于政府管理、企业运营和百姓生活。

使用的非密成果涉及地图的，还应当执行国家有关地图管理的法规政策。

非密成果保管单位应当于每年11月底向国家局报告非密成果提供、使用情况及改进意见和建议。

(3)《国家涉密基础测绘成果资料提供使用审批程序规定》的相关规定

国家测绘地理信息局测绘成果管理司(以下简称成果司)负责涉密成果提供使用审批管理工作，并对国家基础地理信息中心(以下简称中心)提供涉密成果和国家测绘地理信息局测绘行政许可集中受理窗口(以下简称受理窗口)受理申请的相关业务进行指导与监督。成果司成果管理处(以下简称成果处)具体承办涉密成果提供使用的审批工作。受理窗口统一受理涉密成果使用申请，并承办说明、告知、送达等事宜。

① 申请人申请使用涉密成果，应当向受理窗口提交下列申请材料：

a. 国家秘密基础测绘成果使用申请表。

b. 国家秘密基础测绘成果资料使用证明函。

c. 属于各级财政投资的项目，必须提交项目批准文件；属于非财政投资的项目，必须提交项目合同书、委托函等合法有效证明文件。

d. 申请无偿使用涉密成果，必须提交相应机关的公函。

e. 经办人有效身份证明及复印件。

② 申请人首次申请使用涉密成果的，还应同时提交下列申请材料：

a. 单位注册登记证书和相应的组织机构代码证及复印件。

b. 相应的保密管理制度和保密设备条件的证明材料。

c. 单位内部负责保管涉密成果的机构、人员(有效身份证明及复印件、联系方式)等基本情况的证明文件。

(4)《对外提供我国涉密测绘成果审批程序规定》的相关规定

国家测绘地理信息局科技与国际合作司(以下简称科技国际司)负责承办对外提供我国涉密测绘成果审批工作。科技国际司标准处承办对外提供我国涉密测绘成果审批的具体工作。对外提供我国涉密测绘成果资料的范围跨省、自治区、直辖市区域的，向国家测绘地理信息局提出申请;其他情形向成果内容表现地的省、自治区、直辖市测绘地理信息行政主管部门提出申请。

① 申请人应当向国家测绘地理信息局提交下列材料:

a. 对外提供我国涉密测绘成果申请表。

b. 企业法人营业执照或者事业单位法人证书(申请人为政府部门的除外)。

c. 外方身份证明材料。

d. 国家批准合作项目批文。

e. 申请人与外方签订的合同或协议。

f. 拟提供成果的说明性材料,包括成果种类、范围、数量及精度等。

g. 拟提供成果为申请人既有的,应当提交该成果一套及成果所有部门或单位同意申请人使用的证明文件。

h. 拟提供成果非申请人既有、需国家测绘地理信息局提供的,申请人应当提交本单位具有的保密管理制度、成果保管条件、管理机构和人员的证明材料。

i. 其他应当提供的材料。

② 不予批准的情况如下:

a. 成果对外提供后妨碍国家安全的。

b. 已有非涉密成果能够满足需求的。

c. 申请人隐瞒有关情况或者提供虚假材料的。

d. 依法不予批准的其他情况。

(5)《遥感影像公开使用管理规定(试行)》的相关规定

遥感影像包括卫星遥感影像和航空遥感影像,以及采用测绘遥感技术方法加工处理形成的遥感影像图。

① 遥感影像公开使用管理

a. 国家测绘地理信息局负责监督管理全国遥感影像公开使用工作,县级以上测绘行政主管部门负责监督管理辖区内遥感影像公开使用工作。

b. 从事销售分辨率高于10 m的卫星遥感影像活动的机构,应当建立客户登记制度,包括客户名称与性质、提供的影像覆盖范围和分辨率、用途、联系方式等内容。每半年一次向所在地省级以上测绘行政主管部门报送备案。

c. 为应对重大突发事件应急抢险救灾急需,各级人民政府及其有关部门和军队,可以无偿使用遥感影像,各遥感影像保管单位、销售与提供机构应当无偿提供相关数据和资料。

② 遥感影像公开使用规定

a. 公开使用的遥感影像空间位置精度不得高于50 m;分辨率不得优于0.5 m;不标注涉密信息,不处理建筑物、构筑物等固定设施。

b. 属于国家秘密且确需公开使用的遥感影像,公开使用前应当依法送省级以上测绘行政主管部门会同有关部门组织审查并进行保密技术处理。分辨率优于0.5 m的遥感影像,公开使用前应当报送国家测绘地理信息局组织审查并进行保密技术处理。

c. 向社会公开出版、传播、登载和展示遥感影像的,还应当报送省级以上测绘行政主管部门进行地图审核,并取得审图号。

6.7 重要地理信息数据

6.7.1 重要地理信息数据的概念与特点

为了加强重要地理信息数据审核、公布工作的管理，确保对外公布的重要地理信息数据的权威性和准确性，2003 年 3 月 25 日我国国土资源部发布了《重要地理信息数据审核公布管理规定》。

（1）重要地理信息数据的概念

重要地理信息数据，是指在中华人民共和国领域和管辖的其他海域内的重要自然和人文地理实体的位置、高程、深度、面积、长度等位置信息数据和重要属性信息数据，主要包括：

① 涉及国家主权、政治主张的地理信息数据；

② 国界、国家面积、国家海岸线长度，国家版图重要特征点、地势、地貌分区位置等地理信息数据；

③ 拟冠以"全国""中国""中华""国家"等字样的地理信息数据；

④ 经相邻省级人民政府联合勘定并经国务院批复的省级界线长度及行政区域面积，沿海省、自治区、直辖市海岸线长度；

⑤ 法律法规规定以及需要由国务院测绘地理信息行政主管部门审核的其他重要地理信息数据。

（2）重要地理信息数据的特点

① 权威性

重要地理信息数据的获取是依据科学的观测方法和手段，由国务院测绘地理信息行政主管部门审核，并与国务院其他有关部门、军队测绘主管部门会商后，报国务院批准，由国务院或者国务院授权的部门以公告形式公布，并在全国范围内发行的报纸或者互联网上刊登的，体现出了重要地理信息数据的权威性。

② 准确性

重要地理信息数据涉及重要自然和人文地理实体的位置、高程、深度、面积、长度等位置信息数据和重要属性信息数据。这些数据是依据科学的技术方法和手段获取的。个人提出建议后，国务院测绘地理信息行政主管部门还要对数据的科学性、完整性、可靠性等进行严格审核，因而具有严格的准确性。

③ 法定性

重要地理信息数据审核公布制度由国家法律规定，重要地理信息数据的审核、批准、公布的主体和程序都必须严格按照《测绘法》《行政许可法》《重要地理信息数据审核公布管理规定》执行，任何单位和个人不得擅自审核公布。因此，重要地理信息数据具有法定性。

6.7.2 重要地理信息数据的审核与公布

《测绘法》第三十七条规定："中华人民共和国领域和中华人民共和国管辖的其他海域的位置、高程、深度、面积、长度等重要地理信息数据，由国务院测绘地理信息主管部门审核，并与国务院其他有关部门、军队测绘部门会商后，报国务院批准，由国务院或者国务院授权的部门公布。"

（1）重要地理信息数据的审核

国务院测绘地理信息行政主管部门负责受理单位和个人(以下称为建议人)提出的审核公布重要地理信息数据的建议。建议人也可以直接向省、自治区、直辖市测绘地理信息行政主管部门提出审核公布重要地理信息数据建议。省、自治区、直辖市测绘地理信息行政主管部门应当在10个工作日内将建议转报国务院测绘地理信息行政主管部门。

① 建议人提交的资料

建议人建议审核公布重要地理信息数据,应当向国务院测绘地理信息行政主管部门提交以下书面资料:

a. 建议人基本情况;

b. 重要地理信息数据的详细数据成果资料,科学性及公布的必要性说明;

c. 重要地理信息数据获取的技术方案及对数据验收评估的有关资料;

d. 国务院测绘地理信息行政主管部门规定的其他资料。

建议人为各级地方人民政府、国务院各部门的,可以不提供"建议人基本情况"的资料。

② 受理

国务院测绘地理信息行政主管部门收到建议人建议审核公布重要地理信息数据的资料后,应当在10个工作日内决定是否受理,并书面通知建议人。不予受理的,应当说明原因。

③ 国务院测绘地理信息行政主管部门的审核内容

a. 重要地理信息数据公布的必要性;

b. 提交的有关资料的真实性与完整性;

c. 重要地理信息数据的可靠性与科学性;

d. 重要地理信息数据是否符合国家利益,是否影响国家安全;

e. 与相关历史数据、已公布数据的对比。

(2) 重要地理信息数据的公布

① 公布的方式

国务院批准公布的重要地理信息数据,由国务院或者国务院授权的部门公布。重要地理信息数据以公告形式公布,并在全国范围内发行的报纸或者互联网上刊登。

② 公布的注意事项

a. 重要地理信息数据公布时,应当注明审核、公布部门。

b. 公布重要地理信息数据的国务院有关部门,应当在公布时,将公布公告抄送国务院测绘地理信息行政主管部门。国务院测绘地理信息行政主管部门收到公布公告后,应当在10日内书面通知建议人。

c. 擅自发布中华人民共和国领域和中华人民共和国管辖的其他海域的重要地理信息数据的,给予警告,责令改正,可以并处五十万元以下的罚款;对直接负责的主管人员和其他直接责任人员,依法给予处分;构成犯罪的,依法追究刑事责任。

6.8　地图管理

为了加强地图管理,维护国家主权、安全和利益,促进地理信息产业健康发展,为经济建设、社会发展和人民生活服务,《测绘法》《地图管理条例》《地图审核管理规定》等法律法规,对向社会公开的地图的编制、审核、出版和互联网地图服务以及监督检查活动进行了详细的规定。

6.8.1 地图的概念与特点

(1) 地图的概念

地图指根据特定的数学法则，将地球上的自然和社会现象，通过制图综合并以符号和注记缩绘在平面或者曲面上的图像。地图是地理空间信息的图形表现形式，是为人们提供自然地理要素或者地表人工设施的形状、大小、空间位置及其属性的图形。

地图按比例尺大小，可分为大比例尺、中比例尺和小比例尺地图；按内容可分围为普通地图和专题地图；按用途可分为参考图、教学地图、地形图、航空图、海图、天文图以及交通图、旅游图等；按地图表现形式可分为缩微地图、数字地图、电子地图、影像地图等。由于地图是对自然地理现象和社会经济现象的直观表达，通俗易懂，因此成为各级领导宏观决策、经济建设、国防军事和人民群众日常生活需要的必备读物和实用工具。

(2) 地图的特点

① 科学性

地图的生产制作是一个复杂的过程，包括从建立测量控制网开始，到野外实地采集地理信息数据，然后通过一定的数学法则和制图规范，经过公式化、符号化和抽象化、直观化的技术处理，最终编辑形成地图，因此具有科学性。

② 政治性

绘有完整国界线的地图是国家版图的主要表现形式，体现着一个国家在主权方面的意志和在国际社会中的政治外交立场，具有严肃的政治性。

③ 法定性

地图上国界线、行政区域界线的画法及标准由国家法律明确规定由国务院测绘地理信息行政主管部门会同有关部门拟订后报国务院批准公布；地图编制、出版、展示、登载等都有严格的法律规定；地图审核由具有法定权限的测绘地理信息行政主管部门依法进行；地图的著作权受国家法律保护。所以，地图具有严格的法定性。

(3) 国家基本比例尺地图

我国目前确定的国家基本比例尺地图主要包括 1∶500、1∶1 000、1∶2 000、1∶5 000、1∶1 万、1∶2.5 万、1∶5 万、1∶10 万、1∶25 万、1∶50 万、1∶100 万等 11 种。

国家确定国家基本比例尺地图的系列和基本精度。国务院测绘地理信息主管部门会同国务院其他有关部门、军队测绘部门制定具体规范和要求。测制国家基本比例尺地图，应当执行国家制定的制图规范和要求。

6.8.2 地图编制

(1) 地图编制资质要求

从事地图编制活动的单位应当依法取得相应的测绘资质证书，并在资质等级许可的范围内开展地图编制工作。例如，互联网地图服务单位向公众提供地理位置定位、地理信息上传标注和地图数据库开发等服务的，应当依法取得相应的测绘资质证书。

(2) 编制地图内容规定

① 应当执行国家有关地图编制标准，遵守国家有关地图内容表示的规定。

② 应当选用最新的地图资料并及时补充或者更新，正确反映各要素的地理位置、形态、名称及相互关系，且内容符合地图使用目的。

③ 编制涉及中华人民共和国国界的世界地图、全国地图，应当完整表示中华人民共和国疆域。

④ 在地图上绘制中华人民共和国国界，按照中国国界线画法标准样图绘制；中国历史疆界，依据有关历史资料，按照实际历史疆界绘制；世界各国间边界，按照世界各国国界线画法参考样图绘制；世界各国间历史疆界，依据有关历史资料，按照实际历史疆界绘制。中国国界线画法标准样图、世界各国国界线画法参考样图，由外交部和国务院测绘地理信息行政主管部门拟订，报国务院批准后公布。

⑤ 在地图上绘制我国县级以上行政区域界线或者范围，应当符合行政区域界线标准画法图、国务院批准公布的特别行政区行政区域图和国家其他有关规定。行政区域界线标准画法图由国务院民政部门和国务院测绘地理信息行政主管部门拟订，报国务院批准后公布。

⑥ 在地图上表示重要地理信息数据，应当使用依法公布的重要地理信息数据。

⑦ 利用涉及国家秘密的测绘成果编制地图的，应当依法使用经国务院测绘地理信息行政主管部门或者省、自治区、直辖市人民政府测绘地理信息行政主管部门进行保密技术处理的测绘成果。

⑧ 县级以上人民政府测绘地理信息行政主管部门应当向社会公布公益性地图，供无偿使用。

6.8.3 地图审核

为了加强地图审核管理，维护国家主权、安全和利益，2017 年 11 月 20 日国土资源部第 3 次部务会议修订了《地图审核管理规定》，并自 2018 年 1 月 1 日起施行。

(1) 申请人提出地图审核申请的情形

① 出版、展示、登载、生产、进口、出口地图或者附着地图图形的产品的；

② 已审核批准的地图或者附着地图图形的产品，再次出版、展示、登载、生产、进口、出口且地图内容发生变化的；

③ 拟在境外出版、展示、登载的地图或者附着地图图形的产品的。

(2) 不需要审核的地图

① 直接使用测绘地理信息主管部门提供的具有审图号的公益性地图；

② 景区地图、街区地图、公共交通线路图等内容简单的地图；

③ 法律法规明确应予公开且不涉及国界、边界、历史疆界、行政区域界线或者范围的地图。

(3) 国务院测绘地理信息主管部门负责审核的地图

① 全国地图；

② 主要表现地为两个以上省、自治区、直辖市行政区域的地图；

③ 香港特别行政区地图、澳门特别行政区地图以及台湾地区地图；

④ 世界地图以及主要表现地为国外的地图；

⑤ 历史地图。

(4) 省、自治区、直辖市人民政府测绘地理信息主管部门负责审核的地图

主要表现地在本行政区域范围内的地图。其中，主要表现地在设区的市行政区域范围内不涉及国界线的地图，由设区的市级人民政府测绘地理信息主管部门负责审核。

(5) 申请地图审核应当提交的材料

① 地图审核申请表；

② 需要审核的地图最终样图或者样品，用于互联网服务等方面的地图产品还应当提供地图内容审核软硬件条件；

③ 地图编制单位的测绘资质证书。

有下列情形之一的，可以不提供第三项规定的测绘资质证书：进口不属于出版物的地图和附着地图图形的产品；直接引用古地图；使用示意性世界地图、中国地图和地方地图；利用测绘地理信息主管部门具有审图号的公益性地图且未对国界、行政区域界线或者范围、重要地理信息数据等进行编辑调整。

（6）测绘地理信息主管部门受理地图审核申请后需要审查的内容

① 地图表示内容中是否含有不得表示的内容：

a. 危害国家统一、主权和领土完整的；

b. 危害国家安全、损害国家荣誉和利益的；

c. 属于国家秘密的；

d. 影响民族团结、侵害民族风俗习惯的；

e. 法律、法规规定不得表示的其他内容。

② 中华人民共和国国界、行政区域界线或者范围以及世界各国间边界、历史疆界在地图上的表示是否符合国家有关规定。

③ 重要地理信息数据、地名等在地图上的表示是否符合国家有关规定。

④ 主要表现地包含中华人民共和国疆域的地图，中华人民共和国疆域是否完整表示。

⑤ 地图内容表示是否符合地图使用目的和国家地图编制有关标准。

⑥ 法律、法规规定需要审查的其他内容。

（7）地图审核决定

测绘地理信息主管部门应当依据地图内容审查工作机构提出的审查意见及相关申请材料，做出批准或者不予批准的书面决定并及时送达申请人。予以批准的，核发地图审核批准文件和审图号；不予批准的，核发地图审核不予批准文件并书面说明理由，告知申请人享有依法申请行政复议或者提起行政诉讼的权利。

测绘地理信息主管部门应当自受理地图审核申请之日起 20 个工作日内做出审核决定。时事宣传地图、发行频率高于一个月的图书和报刊等插附地图的，应当自受理地图审核申请之日起 7 个工作日内做出审核决定。应急保障等特殊情况需要使用地图的，应当即送即审。涉及专业内容且没有明确审核依据的地图，向有关部门征求意见时，征求意见时间不计算在地图审核的期限内。

（8）地图审核的其他重要规定

① 全国性中小学教学地图，由国务院教育行政部门会同国务院测绘地理信息行政主管部门、外交部组织审定；地方性中小学教学地图，由省、自治区、直辖市人民政府教育行政部门会同省、自治区、直辖市人民政府测绘地理信息行政主管部门组织审定。

② 测绘地理信息主管部门应当在其门户网站等媒体上及时公布获得审核批准的地图名称、审图号等信息。

③ 审图号由审图机构代号、通过审核的年份、地图类型简称、序号等组成。审图号编制的具体内容，由国务院测绘地理信息主管部门另行规定。

④ 经审核批准的地图，申请人应当在地图或者附着地图图形产品的适当位置显著标注审图号，并向做出审核批准的测绘地理信息主管部门免费送交样本一式两份。属于出版物的，应当在版权页标注审图号；没有版权页的，应当在适当位置标注审图号。属于互联网地图服务的，应当在地图页面左下角标注审图号。

⑤ 互联网地图服务审图号有效期为两年。审图号到期，应当重新送审。审核通过的互联网地图服务，申请人应当每六个月将新增标注内容及核查校对情况向做出审核批准的测绘地理信息主管部门备案。

（9）地图审核的罚则

① 最终向社会公开的地图与审核通过的地图内容及表现形式不一致，或者互联网地图服务审图号有效期届满未重新送审的，测绘地理信息主管部门应当责令改正、给予警告，可以处3万元以下的罚款。

② 测绘地理信息主管部门及其工作人员在地图审核工作中滥用职权、玩忽职守、徇私舞弊的，依法给予处分；涉嫌构成犯罪的，移送有关机关依法追究刑事责任。

③ 应当送审而未送审的，责令改正，给予警告，没收违法地图或者附着地图图形的产品，可以处10万元以下的罚款；有违法所得的，没收违法所得；构成犯罪的，依法追究刑事责任。

④ 不需要送审的地图不符合国家有关标准和规定的，责令改正，给予警告，没收违法地图或者附着地图图形的产品，可以处10万元以下的罚款；有违法所得的，没收违法所得；情节严重的，可以向社会通报；构成犯罪的，依法追究刑事责任。

⑤ 经审核不符合国家有关标准和规定的地图未按照审核要求修改即向社会公开的，责令改正，给予警告，没收违法地图或者附着地图图形的产品，可以处10万元以下的罚款；有违法所得的，没收违法所得；情节严重的，责令停业整顿，降低资质等级或者吊销测绘资质证书，可以向社会通报；构成犯罪的，依法追究刑事责任。

⑥ 弄虚作假、伪造申请材料骗取地图审核批准文件，或者伪造、冒用地图审核批准文件和审图号的，责令停止违法行为，给予警告，没收违法地图和附着地图图形的产品，并处10万元以上20万元以下的罚款；有违法所得的，没收违法所得；情节严重的，责令停业整顿，降低资质等级或者吊销测绘资质证书；构成犯罪的，依法追究刑事责任。

⑦ 未在地图的适当位置显著标注审图号，或者未按照有关规定送交样本的，责令改正，给予警告；情节严重的，责令停业整顿，降低资质等级或者吊销测绘资质证书。

6.8.4 地图出版

（1）县级以上人民政府出版行政主管部门应当加强对地图出版活动的监督管理，依法对地图出版违法行为进行查处。

（2）出版单位从事地图出版活动的，应当具有国务院出版行政主管部门审核批准的地图出版业务范围，并依照《出版管理条例》的有关规定办理审批手续。

（3）出版单位根据需要，可以在出版物中插附经审核批准的地图。

（4）任何出版单位不得出版未经审定的中小学教学地图。

（5）出版单位出版地图，应当按照国家有关规定向国家图书馆、中国版本图书馆和国务院出版行政主管部门免费送交样本。

（6）地图著作权的保护，依照有关著作权法律、法规的规定执行。

6.8.5 互联网地图服务

(1) 国家鼓励和支持互联网地图服务单位开展地理信息开发利用和增值服务。县级以上人民政府应当加强对互联网地图服务行业的政策扶持和监督管理。

(2) 互联网地图服务单位向公众提供地理位置定位、地理信息上传标注和地图数据库开发等服务的，应当依法取得相应的测绘资质证书。互联网地图服务单位从事互联网地图出版活动的，应当经国务院出版行政主管部门依法审核批准。

(3) 互联网地图服务单位应当将存放地图数据的服务器设在中华人民共和国境内，并制定互联网地图数据安全管理制度和保障措施。

(4) 互联网地图服务单位收集、使用用户个人信息的，应当明示收集、使用信息的目的、方式和范围，并经用户同意。

(5) 互联网地图服务单位用于提供服务的地图数据库及其他数据库不得存储、记录含有按照国家有关规定在地图上不得表示的内容。互联网地图服务单位发现其网站传输的地图信息含有不得表示的内容的，应当立即停止传输，保存有关记录，并向县级以上人民政府测绘地理信息行政主管部门、出版行政主管部门、网络安全和信息化主管部门等有关部门报告。

(6) 任何单位和个人不得通过互联网上传标注含有按照国家有关规定在地图上不得表示的内容。

(7) 互联网地图服务单位应当使用经依法审核批准的地图，加强对互联网地图新增内容的核查校对，并按照国家有关规定向国务院测绘地理信息行政主管部门或者省、自治区、直辖市测绘地理信息行政主管部门备案。

(8) 互联网地图服务单位对在工作中获取的涉及国家秘密、商业秘密的信息，应当保密。

(9) 互联网地图服务单位应当加强行业自律，推进行业信用体系建设，提高服务水平。

(10) 互联网地图服务单位使用未经依法审核批准的地图提供服务，或者未对互联网地图新增内容进行核查校对的，责令改正，给予警告，可以处 20 万元以下的罚款；有违法所得的，没收违法所得；情节严重的，责令停业整顿，降低资质等级或者吊销测绘资质证书；构成犯罪的，依法追究刑事责任。

(11) 通过互联网上传标注了含有按照国家有关规定在地图上不得表示的内容的，责令改正，给予警告，可以处 10 万元以下的罚款；构成犯罪的，依法追究刑事责任。

6.9 测绘成果产权保护

知识产权指公民、法人或者其他组织对其在科学技术和文学艺术等领域内，主要基于脑力劳动创造完成的智力成果所依法享有的专有权利。按权利内容划分，知识产权包括人身权利和财产权利。按照智力活动成果的不同划分，知识产权可以分为著作权、商标权、专利权、发明权、发现权等。

测绘成果凝聚了测绘科技工作者的智慧和心血，广泛应用于国民经济建设、国防建设和社会发展各个领域，具有自然资源属性、商品属性和财产属性，测绘成果具有知识产权。国家从法律上确立了测绘成果的知识产权保护制度。《测绘法》第三十三条规定："国家依法保护测绘成果的知识产权。"《测绘成果管理条例》第二十条明确规定:"测绘成果涉及著作权保护和管理的,依照有关法律、行政法规的规定执行。"

6.9.1 测绘成果知识产权的基本概念

测绘成果知识产权(简称测绘成果产权),指测绘成果所有人依法对测绘成果享有占有、使用、收益和处分的权利。测绘成果产权包括测绘成果的人身权和财产权。这里所说的测绘成果的人身权,主要是测绘成果的人身精神权利,包括对测绘成果的发布权、署名权、修改权和保护数据完整权;测绘成果产权的财产权,包括对测绘成果的所有权、持有权、经营权、转让权、许可使用权、质押权及其收益权。

(1) 测绘成果的人身权:指测绘成果的人身精神权利,且是一种永久存在的权利,包括对测绘成果的发布权、署名权、修改权和保护数据的完整权。

(2) 测绘成果的所有权:指所有人依法对自己所有的测绘成果享有占有、使用、收益和处分的权利,是测绘成果产权中最基本的一种权利。

(3) 测绘成果产权的持有权:指持有权人依法对自己持有的测绘成果享有实际的支配权和收益权,原始持有人还享有人身权。持有权与所有权的区别,在于持有权中可能有部分支配权和收益权受到一定程度的限制。

(4) 测绘成果产权的经营权:指产权人以营利为目的而享有对测绘成果进行各种商业活动的权利。

(5) 测绘成果产权的转让权:指所有权人或持有权人通过合同方式,把自己所有的或持有的测绘成果所有权或持有权进行转移的权利。转让的内容包括出售、交换、赠与和继承。

(6) 测绘成果产权的许可使用权:指所有权人或持有权人通过合同方式,许可他人在一定条件下使用所有权人或持有权人提供的测绘成果的权利。同测绘成果产权的转让权相比,许可使用权转移的只是使用权,被许可使用人不得再许可第三人使用。

(7) 测绘成果产权的质押权:指所有权人或持有权人为筹集资金,通过合同方式把自己的或者第三人的测绘成果所有权或持有权,用来向债权人作为履行债务担保的权利。

6.9.2 测绘成果产权保护

长期以来,为保护测绘成果产权,维护所有权人的合法权益,国家不论从立法角度,还是在实际监督管理工作中,都进行了积极的探索和研究,并通过立法的方式实施产权保护。目前,我国测绘成果的产权保护主要体现在以下方面:

(1) 国家测绘地理信息局在《基础测绘成果提供使用管理暂行办法》第十六条中规定:"被许可使用人应当在使用基础测绘成果所形成成果的显著位置注明基础测绘成果版权的所有者",以此保护基础测绘成果的知识产权。

(2)《地图管理条例》第三十一条规定:"地图著作权的保护,依照有关著作权法律、法规的规定执行",以此保护地图的著作权。例如,在《关于加强互联网地图管理工作的通知》第|一条规定:"在互联网上登载、复制、发送、转发、引用、嵌入互联网地图,必须在相应页面显著位置标明地图审图号和著作权信息,并应经互联网地图著作权人的同意。"

(3)《测绘成果管理条例》第二十条规定:"测绘成果涉及著作权保护和管理的,依照有关法律、行政法规的规定执行。"

本章小结

本章主要介绍了测绘成果质量、测绘成果的汇交与保管制度、测绘成果保密制度、测绘成果的提供及使用、重要地理信息数据的审核公布管理、地图管理的有关制度和测绘成果产权保护。通过本章的学习，学生应能根据测绘成果管理的相关制度，确认汇交、保管测绘成果的合法性和有关当事人义务的履行情况，并分析界定有关法律责任；确认提供使用国家秘密的合法性以及有关当事人保密义务的履行情况；确认提供和使用各类测绘成果的合法性和有关当事人义务的履行情况；确认重要地理信息数据的合法性和有关当事人义务的履行情况，并分析界定有关法律责任及掌握地图管理方法等。

习　题

1. 测绘成果的表现形式和特点分别是哪些？
2. 测绘成果目录分为哪两种？
3. 简述测绘成果的管理体制。
4. 简述测绘成果的保密制度。
5. 简述测绘成果知识产权的内容。

第 7 章　不动产测绘和其他测绘管理

不动产指土地、海域以及房屋、林木等定着物。不动产测绘指对土地、海域、房屋等不动产的形状、大小、空间位置及其属性等进行测定、采集、表述以及对获取的数据、信息、成果等地理信息进行处理和提供的活动。根据《测绘资质管理规定》和《测绘资质分级标准》的相关规定，不动产测绘包括地籍测绘、房产测绘、行政区域界线测绘和不动产测绘监理。本章重点介绍地籍测绘、房产测绘、界线测绘、海洋测绘和其他测绘管理。

7.1　地籍测绘管理

7.1.1　地籍测绘

（1）地籍测绘的概念

地籍测绘是获取和表达地籍信息所进行的测绘工作，指对地块权属界线的界址点坐标进行精确测定，并把地块及其附着物的位置、面积、权属关系和利用状况等要素准确地绘制在图纸上和记录在专门的表册中的测绘工作。

地籍测绘的主要内容包括平面控制测量、界址测量、其他地籍要素调查与测量、地籍图测绘以及面积量算等。地籍测绘成果包括数据集（控制点和界址点坐标等）、地籍图和地籍簿册等。

（2）地籍测绘的特点

① 地籍测绘是政府行使土地行政管理职能的具有法律意义的行政性技术行为；

② 地籍测绘是在地籍调查的基础上进行的，具有勘验取证的法律特征；

③ 地籍测绘为土地管理提供了准确、可靠的地理参考系统；

④ 地籍测绘的技术标准必须符合土地法律法规的要求；

⑤ 地籍测绘的技术和方法是现代测绘高新技术和方法的应用集成；

⑥ 地籍测绘工作具有非常强的现势性；

⑦ 从事地籍测绘的人员应当具有丰富的土地管理知识。

7.1.2　地籍测绘管理

（1）编制地籍测绘规划。

（2）组织管理地籍测绘。

（3）管理地籍测绘资质。

（4）监督管理地籍测绘成果质量。

（5）监督管理地籍测绘标准。

7.2 房产测绘管理

7.2.1 房产测绘

(1) 房产测绘的概念

房产测绘是采集和表述房屋及房屋用地的有关信息,为房产产权、产籍管理、房地产开发利用、交易、征收税费,以及为城镇规划建设提供数据和资料的测绘活动。房产测绘通过利用测绘地理信息技术手段测定和表述房屋及其自然状况、权属状况、位置、数量、质量以及利用状况及其属性等信息。为加强对房产测绘的管理,2001 年 5 月 1 日起施行的《房产测绘管理办法》,对房产测绘及其管理做出了具体的规定。

(2) 房产测绘的内容

房产测绘的主要内容包括房产平面控制测量、房产面积预测算、房产面积测算、房产要素调查与测量、房产变更调查与测量、房产图测绘和建立房产信息系统。房产测绘成果包括房产簿册、房产数据和房产图集等。

随着房地产市场的快速发展和现代测绘地理信息技术的广泛应用,房产测绘的技术手段和方法也越来越多,房产测绘的内容也越来越丰富。

7.2.2 房产测绘委托

(1) 需要房产测绘委托的情形:申请产权初始登记的房屋;自然状况发生变化的房屋;房屋权利人或者其他利害关系人要求测绘的房屋。

(2) 委托房产测绘的申请人:房屋权利申请人;房屋权利人;其他利害关系人;房产行政主管部门。

房产管理中需要的房产测绘由房地产行政主管部门委托房产测绘单位进行。

(3) 房产测绘委托的规定:

① 委托房产测绘的委托人与房产测绘单位应当签订书面合同。

② 房产测绘单位应当是独立的经济实体,与委托人不得有利害关系,并依法取得房产测绘资质。

③ 房产测绘所需费用由委托人支付,房产测绘收费标准按照国家有关规定执行。

7.2.3 房产测绘资质管理

从事房产测绘应当依法取得载有不动产测绘业务房产测绘子项的测绘资质证书。申请房产测绘资质不需要征求其他任何部门的意见。

7.2.4 房产测绘标准化管理

《测绘法》第二十三条规定:“城乡建设领域的工程测量活动,与房屋产权、产籍相关的房屋面积的测量,应当执行由国务院住房城乡建设主管部门、国务院测绘地理信息主管部门组织编制的测量技术规范。”

《房产测绘管理办法》第三条规定:“房产测绘单位应当严格遵守国家有关法律法规,执行国家房产测量规范和有关技术标准、规定,对其完成的房产测绘成果质量负责。”

7.2.5 房产测绘的法律责任

(1) 未取得载明房产测绘业务的测绘资格证书从事房产测绘业务以及承担测绘任务超出测绘资格证书所规定的房产测绘业务范围、作业限额的,依照《测绘法》和《测绘资格管理规定》的规定处罚。

(2) 根据《房产测绘管理办法》,房产测绘单位有下列情况之一的,由县级以上房地产行政主管部门给予警告并责令限期改正,并可处以一万元以上三万元以下的罚款;情节严重的,由发证机关予以降级或取消其房产测绘资格:

① 在房产面积测算中不执行国家标准、规范和规定的;

② 在房产面积测算中弄虚作假、欺骗房屋权利人的;

③ 房产面积测算失误,造成重大损失的。

7.3 界线测绘管理

7.3.1 国界线测绘管理

(1) 国界线测绘的概念

国界线指相邻国家领土的分界线,是划分国家领土范围的界线,也是国家行使领土主权的界线。国界线测绘是指划定国家间的共同边界线而进行的测绘活动,是与邻国明确划定边界线、签订边界条约和议定书,以及日后定期进行联合检查的基础工作。国界线测绘的主要成果是边界线位置和走向的文字说明、界桩点坐标及边界线地形图。

(2) 国界线测绘的特点

① 国界线测绘涉及国家主权和领土完整。

② 国界线测绘涉及国家的外交关系和政治主张。

③ 国界线测绘涉及国家安全和利益,属于国家秘密范围。

(3) 国界线测绘管理

国界线测绘具有严格的法定性、政治性和严肃性。因此,国家对国界线测绘活动的管理十分严格。《测绘法》第二十条规定:"中华人民共和国国界线的测绘,按照中华人民共和国与相邻国家缔结的边界条约或者协定执行,由外交部组织实施。中华人民共和国地图的国界线标准样图,由外交部和国务院测绘地理信息主管部门拟定,报国务院批准后公布。"

7.3.2 行政区域界线测绘管理

(1) 行政区域界线测绘的概念

行政区域界线指国务院或者省、自治区、直辖市人民政府批准的行政区域毗邻的各有关人民政府行使行政区域管辖权的分界线。

行政区域界线测绘是利用测绘技术手段和原理,为划定行政区域界线的走向、分布以及周边地理要素而进行的测绘工作,是测绘行政主管部门为勘定行政区域界线而实施的一种行政行为。

行政区域界线测绘的成果具有法律效力,因此,行政区域界线测绘被认定是一种法定测绘。为了加强对行政区域界线的管理,巩固行政区域界线勘定成果,维护行政区域界线周边地区稳定,2002 年 5 月国务院颁布了《行政区域界线管理条例》,并自 2002 年 7 月 1 日起施行。

(2) 行政区域界线测绘的内容

行政区域界线测绘的内容包括界桩的埋设与测定、边界线的标绘、边界协议书附图的绘制、边界线走向和界桩位置说明的编写、中华人民共和国省级行政区域界线详图集的编纂和制印。

(3) 行政区域界线测绘管理

行政区域界线测绘管理，是测绘行政管理的重要组成部分。《测绘法》第二十一条规定："行政区域界线的测绘，按照国务院有关规定执行。省、自治区、直辖市和自治州、县、自治县、市行政区域界线的标准画法图，由国务院民政部门和国务院测绘地理信息主管部门拟定，报国务院批准后公布。"

7.3.3 权属界线测绘管理

(1) 权属界线测绘

权属界线测绘指测定权属界线的走向和界址点的坐标及绘制权属界线图的活动。

权属界线测绘的成果主要包括权属调查表、权属界址点坐标、权属面积统计表、权属界线图等。

(2) 权属界线测绘管理

权属界线测绘属于十分重要的测绘活动，必须按照《测绘法》及相关法规、规章的规定。从事权属界线测绘，必须依法取得相应等级和业务范围的测绘资质证书，依法履行相应的法律义务。

《测绘法》第二十二条规定："测量土地、建筑物、构筑物和地面其他附着物的权属界址线，应当按照县级以上人民政府确定的权属界线的界址点、界址线或者提供的有关登记资料和附图进行。权属界址线发生变化的，有关当事人应当及时进行变更测绘。"

7.4 海洋测绘管理

7.4.1 海洋测绘

(1) 海洋测绘的概念

海洋测绘是测绘学科的一个分支，是以海洋为对象的测绘活动的总称。其任务是对海洋及其邻近陆地和江河湖泊进行测量和调查，获取海洋基础地理信息，编制各种海图和航海资料，为航海、国防建设、海洋开发和研究服务。

根据《测绘资质分级标准》的相关规定，海洋测绘的主要内容有：海域权属测绘、海岸地形测量、水深测量、水文观测、海洋工程测量、扫海测量、深度基准测量、海图编制和海洋测绘监理。

(2) 海洋测绘的特点

① 海洋测绘是在不断运动着的海面上进行的，其研究对象是海洋以及海洋中的各种自然现象和人文现象，所以观测的精度不如陆地。

② 海洋测绘的主要载体是船舶，垂直坐标同船体的平面位置同步测定。

③ 海洋测绘所使用的仪器设备有其特殊性，海洋测绘一般采用声波信号。

④ 在海上测定海底某点的深度指其低于大地水准面或水深基准面多少。

⑤ 海洋制图投影方式比陆地多，还有墨卡托、UTM 投影等。

⑥ 海洋测深受潮汐、海流和温度的影响，必须考虑这些因素对测量结果的改正。

7.4.2 海洋测绘管理

(1) 从事海洋测绘活动，必须遵守《测绘法》及有关的法律、法规和规章，必须依法取得海洋测绘资质。

（2）根据《测绘法》的相关规定，海洋基础测绘工作由军事测绘主管部门按照国务院、中央军事委员会规定的职责分工具体负责，其中：

① 第四条中规定："军队测绘部门负责管理军事部门的测绘工作，并按照国务院、中央军事委员会规定的职责分工负责管理海洋基础测绘工作。"

② 第十七条中规定："军队测绘部门负责编制军事测绘规划，按照国务院、中央军事委员会规定的职责分工负责编制海洋基础测绘规划，并组织实施。"

7.5　地理信息系统工程管理

7.5.1　地理信息系统

（1）地理信息系统的概念

地理信息系统（GIS）是一种特定的空间信息系统，是在计算机硬件、软件系统支撑下，对整个或部分地球表层（包括大气层）空间中的有关地理分布数据进行采集、储存、管理、运算、分析、显示和描述的技术系统。地理信息系统处理、管理的对象是多种地理空间实体数据及其相互之间的关系，包括空间定位数据、图形数据、遥感影像数据、属性数据等，用于分析和处理一定地理区域内分布的各种现象和过程，以解决复杂的管理、规划决策问题。

《测绘资质分级标准》中将地理信息系统工程划分为地理信息数据采集、地理信息数据处理、地理信息系统及数据库建设、地面移动测量、地理信息软件开发、地理信息系统工程监理。

（2）地理信息系统的特点

① 地理信息系统是计算机化的技术系统；

② 地理信息系统的操作对象是空间数据；

③ 地理信息系统的技术优势在于它的数据综合、模拟和分析评价能力；

④ 地理信息系统与测绘学和地理学有着密切的关系；

⑤ 建立地理信息系统是一种测绘活动；

⑥ 地理信息系统具有标准化、数字化和多维结构的特点。

7.5.2　地理信息系统工程管理的规定

（1）国家制定基础地理信息数据的标准

《测绘法》第五条规定："从事测绘活动，应当使用国家规定的测绘基准和测绘系统，执行国家规定的测绘技术规范和标准。"基础地理信息数据的标准必须是由国家标准化主管部门依据《中华人民共和国标准化法》颁布的国家标准，根据有关行业标准产生的基础地理信息数据不能作为建立地理信息系统的基础数据。

（2）地理信息系统数据管理

《测绘法》第二十四条规定："建立地理信息系统，应当采用符合国家标准的基础地理信息数据。"

《测绘法》第四十条规定："县级以上人民政府测绘地理信息主管部门应当及时获取、处理、更新基础地理信息数据，通过地理信息公共服务平台向社会提供地理信息公共服务，实现地理信息数据开放共享。"

《测绘法》第五十二条规定:“采用不符合国家标准的基础地理信息数据建立地理信息系统的,给予警告,责令改正,可以并处五十万元以下的罚款;对直接负责的主管人员和其他直接责任人员,依法给予处分。”

(3) 地理信息系统资质管理

从事地理信息系统工程建设的单位,应当依法取得载有地理信息系统工程业务的测绘资质证书,并在资质等级许可的范围内从事地理信息系统工程建设活动。对于没有依法取得测绘资质证书、违法从事地理信息系统建设的单位,各级测绘行政主管部门要依法予以查处。

7.6 来华测绘管理

为加强对外国的组织或者个人在中华人民共和国领域和中华人民共和国管辖的其他海域从事测绘活动的管理,维护国家安全和利益,促进中外经济、科技的交流与合作,《测绘法》和《外国的组织或者个人来华测绘管理暂行办法》等有关法律、法规对来华测绘做出了具体的规定。

外国的组织或者个人来华测绘管理(简称来华测绘管理)指对外国的组织或者个人来华从事非商业性测绘活动或者采取合资、合作的方式来华从事商业性测绘活动以及一次性测绘活动的监督管理。

(1) 来华测绘遵循的原则

① 必须遵守中华人民共和国的法律、法规和国家有关规定。

② 不得涉及中华人民共和国的国家秘密。

③ 不得危害中华人民共和国的国家安全。

(2) 合资、合作测绘禁止的领域

① 大地测量。

② 测绘航空摄影。

③ 行政区域界线测绘。

④ 海洋测绘。

⑤ 地形图、世界政区地图、全国政区地图、省级及以下政区地图、全国性教学地图、地方性教学地图和真三维地图的编制。

⑥ 导航电子地图编制。

⑦ 国务院测绘行政主管部门规定的其他测绘活动。

(3) 合资、合作企业申请测绘资质应当具备的条件

① 符合《测绘法》以及外商投资的法律法规的有关规定。

② 符合《测绘资质管理规定》的有关要求。

③ 合资、合作企业须中方控股。外国的组织或者个人在中华人民共和国领域只申请互联网地图服务测绘资质的,必须依法设立合资企业,且外方投资者在合资企业中的出资比例最终不得超过50%。

④ 已经依法进行企业登记,并取得中华人民共和国法人资格。

(4) 合资、合作企业申请测绘资质应当提供的材料

①《测绘资质管理规定》中要求提供的申请材料。

② 中方控股的证明文件(只申请互联网地图服务测绘资质的,需提供外方投资者投资比例不超过50%的证明文件)。

③ 企业法人营业执照。

④ 国务院测绘行政主管部门规定应当提供的其他材料。

(5) 一次性测绘

经国务院及其有关部门或者省、自治区、直辖市人民政府批准,外国的组织或者个人来华开展科技、文化、体育等活动时,需要进行一次性测绘活动的,可以不设立合资、合作企业,但是必须经国务院测绘行政主管部门会同军队测绘主管部门批准,并与中华人民共和国的有关部门和单位的测绘人员共同进行。

① 申请一次性测绘应当提交的申请材料(一式三份)有:

a. 申请表;

b. 国务院及其有关部门或者省、自治区、直辖市人民政府的批准文件;

c. 按照法律法规规定应当提交的有关部门的批准文件;

d. 外国的组织或者个人的身份证明和有关资信证明;

e. 测绘活动的范围、路线、测绘精度及测绘成果形式的说明;

f. 测绘活动时使用的测绘仪器、软件和设备的清单及情况说明;

g. 中华人民共和国现有测绘成果不能满足项目需要的说明。

② 一次性测绘应当依照下列程序取得国务院测绘行政主管部门的批准文件:

a. 提交申请:经国务院及其有关部门批准,外国的组织或者个人来华开展科技、文化、体育等活动时,需要进行一次性测绘活动的,应当向国务院测绘行政主管部门提交申请材料。

b. 初审:国务院测绘行政主管部门在收到申请材料后依法做出是否受理的决定。经省、自治区、直辖市人民政府批准,外国的组织或者个人来华开展科技、文化、体育等活动时,需要进行一次性测绘活动的,国务院测绘行政主管部门决定受理后,应当及时通知省、自治区、直辖市人民政府测绘行政主管部门进行初审。省、自治区、直辖市人民政府测绘行政主管部门应当在接到初审通知后20个工作日内提出初审意见,并报国务院测绘行政主管部门。

c. 审查:国务院测绘行政主管部门受理后或者接到初审意见后5个工作日内送军队测绘主管部门会同审查,并在接到会同审查意见后8个工作日内做出审查决定。

d. 批准:准予一次性测绘的,由国务院测绘行政主管部门依法向申请人送达批准文件,并抄送测绘活动所在地的省、自治区、直辖市人民政府测绘行政主管部门;不准予一次性测绘的,应当做出书面决定。

(6) 监督管理

县级以上地方人民政府测绘行政主管部门,应当加强对本行政区域内来华测绘的监督管理,定期对下列内容进行检查:

① 是否涉及国家安全和秘密;

② 是否在测绘资质证书载明的业务范围内进行;

③ 是否按照国务院测绘行政主管部门批准的内容进行;

④ 是否按照《测绘成果管理条例》的有关规定汇交测绘成果副本或者目录；

⑤ 是否保证了中方测绘人员全程参与具体测绘活动。

(7) 罚则

①《测绘法》的相关规定

外国的组织或者个人未经批准，或者未与中华人民共和国有关部门、单位合作，擅自从事测绘活动的，责令停止违法行为，没收违法所得、测绘成果和测绘工具，并处十万元以上五十万元以下的罚款；情节严重的，并处五十万元以上一百万元以下的罚款，限期出境或者驱逐出境；构成犯罪的，依法追究刑事责任。

②《外国的组织或者个人来华测绘管理暂行办法》的相关规定

a. 以伪造证明文件、提供虚假材料等手段，骗取一次性测绘批准文件的；超出一次性测绘批准文件的内容从事测绘活动的，由国务院测绘行政主管部门撤销批准文件，责令停止测绘活动，处三万元以下罚款。有关部门对中方负有直接责任的主管人员和其他直接责任人员，依法给予行政处分；构成犯罪的，依法追究刑事责任，对形成的测绘成果依法予以收缴。

b. 未经依法批准将测绘成果携带或者传输出境的，由国务院测绘行政主管部门处三万元以下罚款；构成犯罪的，依法追究刑事责任。

c. 来华测绘涉及中华人民共和国的国家秘密或者危害中华人民共和国的国家安全的行为的，依法追究其法律责任。

本章小结

本章介绍了不动产测绘和其他测绘的相关内容，主要包括界线测绘、地籍测绘、房产测绘、海洋测绘等。这些工作是测绘事业的重要组成部分。本章重点介绍了这些测绘工作的概念、特征，以及相关的测绘管理工作及制度。

习　题

1. 界线测绘包括哪几个方面的内容？
2. 国界线测绘的特征是什么？
3. 我国是如何进行行政区域界线测绘管理的？
4. 权属界线测绘的主要内容是什么？
5. 海洋测绘的特点有哪些？

第二部分

测绘项目管理

第 8 章　测绘项目合同管理

按照《中华人民共和国合同法》(以下简称《合同法》)的相关规定,合同是平等主体的自然人、法人、其他组织之间设立、变更、终止民事权利义务关系的协议。所以测绘合同的制定应在平等协商的基础上对合同的各项条款进行规约,应当遵循公平原则来确定各方的权利和义务,并且必须遵守国家的相关法律和法规。

8.1　合同的概述

8.1.1　合同的订立

合同的订立,是指两方以上当事人通过协商而于互相之间建立合同关系的行为。当事人订立合同,应当具有相应的民事权利能力和民事行为能力。《合同法》第十条规定:“当事人订立合同,有书面形式、口头形式和其他形式。法律、行政法规规定采用书面形式的,应当采用书面形式。当事人约定采用书面形式的,应当采用书面形式。”

(1) 合同的内容

① 当事人的名称或者姓名和住所;

② 标的;

③ 数量;

④ 质量;

⑤ 价款或者报酬;

⑥ 履行期限、地点和方式;

⑦ 违约责任;

⑧ 解决争议的方法。

(2) 订立合同的基本原则

① 合同当事人的法律地位平等,一方不得将自己的意志强加给另一方。

② 当事人依法享有自愿订立合同的权利,任何单位和个人不得非法干预。

③ 当事人应当遵循公平原则确定各方的权利和义务。

④ 当事人行使权利、履行义务应当遵循诚实信用原则。

⑤ 当事人订立、履行合同,应当遵守法律、行政法规,尊重社会公德,不得扰乱社会经济秩序,损害社会公共利益。

⑥ 依法成立的合同,对当事人具有法律约束力。

8.1.2　合同的履行

(1) 合同履行的概念

合同的履行,指的是合同规定义务的执行。任何合同规定义务的执行,都是合同的履行行为;相应的,凡是不执行合同规定义务的行为,都是合同的不履行。因此,合同的履行,表现为当事人执行合同义务的行为。当合同义务执行完毕,合同也就履行完毕。

(2) 合同履行的内容

① 项目承揽方按要求完成测绘工作。

② 测绘项目委托单位按时交付项目酬金。

③ 合同约定的附加工作和额外测绘工作及其酬金给付。

8.1.3 合同的变更

(1) 合同变更的概念

有效成立的测绘合同在尚未履行完毕之前,双方当事人协商一致而使测绘合同内容发生改变,双方签订变更后的测绘合同。测绘合同内容变更包括测绘的范围、测绘的内容、测绘的工程费用、项目的进度、提交的成果等。

(2) 测绘合同变更的条件

① 原测绘合同关系的有效存在。测绘合同变更是在原合同的基础上,通过当事人双方的协商或者法律的规定改变原合同关系的内容。

② 当事人双方协商一致,不损害国家及社会公共利益。在协商变更合同的情况下,变更合同的协议必须符合民事法律行为的有效要件,任何一方不得采取欺诈、胁迫的方式来欺骗或强制他方当事人变更合同。如果变更合同的协议不能成立或不能生效,当事人仍然按原合同的内容履行。

③ 合同非要素内容发生变更。合同非要素内容发生变更仅指合同的内容发生变化,不包括合同主体的变更,合同变更必须是非实质性内容(非标的、性质等)的变更,变更后的合同关系与原合同关系应当保持同一性。

④ 须遵循法定形式。

(3) 合同变更的效力

① 就合同变更的部分发生债权债务关系消灭的后果(即合同变更后,当事人应按变更后的合同内容履行)。

② 仅对合同未履行部分发生法律效力,即合同变更没有溯及力。合同变更原则上向将来发生效力,未变更的权利义务继续有效,已经履行的债务不因合同的变更而失去合法性。

③ 不影响当事人请求赔偿的权利,即合同的变更不影响当事人要求赔偿的权利。原则上,提出变更的一方当事人对对方当事人因合同变更所受损失应负赔偿责任。

8.1.4 合同违约

(1) 合同违约

合同违约是指违反合同债务的行为,也称为合同债务不履行。在测绘合同履行过程中,双方都可能不同程度地出现违约行为,多数比较轻微的违约行为对方可以谅解,严重违约主要有以下三种表现:

① 项目委托方不按合同约定及时支付工程款。

② 增加额外工作量或变更技术设计的主要条款造成工作量增加而不增加费用。

③ 不能在合同约定时间提交成果或提交的成果质量不符合要求。

(2) 合同违约责任

除了合同违约免责条件与条款之外的违约行为,可按合同约定进行正常的索赔。

8.2　测绘合同内容

8.2.1　测绘范围

测绘项目有别于其他工程项目，它是针对特定的地理位置和空间范围展开的工作，所以在测绘合同中，首先必须明确该测绘项目所涉及的工作地点、具体的地理位置、测区边界和所覆盖的测区面积等内容，这同时也是合同标的的重要内容之一。

8.2.2　测绘内容

合同中的测绘内容是直接规约受托方所必须完成的实际测绘任务，它不仅包括所需开展的测绘任务种类，还必须包括具体应完成任务的数量（或大致数量），即明确界定本项目所涉及的具体测绘任务，以及必须完成的工作量。测绘内容也是合同标的的重要内容之一。测绘内容必须用准确、简洁的语言加以描述，明确地逐一罗列出所需完成的任务及需提交的测绘成果种类、等级、数量及质量，这些内容也是项目验收及成果移交的重要依据。

8.2.3　技术依据和质量标准

与一般的技术服务合同不同，测绘项目的实施过程和所提交的测绘成果必须按照国家的相关技术规范（或规程）来执行，需依据这些规范及规程来完成测绘生产的过程控制及质量保证。所以，测绘合同中需对所采用的技术依据及测绘成果质量检查及验收标准有明确的约定，这是项目技术设计、项目实施及项目验收等的主要参照标准。

技术依据及质量标准的确定需在合同签订前由当事人双方协商认定；对于未作约定的情形，应注明按照本行业相关规范及技术规程执行，以避免出现合同漏洞导致不必要的争议。另外，合同当事人要在合同的内容中约定好测绘工作开展及测绘成果的数据基准，包括平面控制基准和高程控制基准。

8.2.4　工程费用及其支付方式

合同中工程费用的计算，首先应注明所采用的国家正式颁布的收费依据或收费标准，然后需全部罗列出本项目涉及的各项收费分类细项，而后根据各细项的收费单价及其估算的工程量得出该细项的工程费用。除直接的工程费用外可能还包括其他费用，都需要在费用预算列表中逐一罗列，整个项目的工程总价为各细项费用的总和。

费用的支付方式由甲、乙双方参照行业惯例协商确定，一般按照工程进度（或合同执行情况）分阶段支付，包括首付款、项目进行中的阶段性付款及尾款几个部分。视项目规模大小不同，阶段性付款可分为一次或多次。阶段性付款的阶段划分一般由甲、乙双方约定，可以按阶段性标志性成果来划分，也可以按照完成工程进度的百分比来划分，具体支付方式及支付额度需由双方协商解决。

8.2.5　项目实施进度安排

项目实施进度安排也是合同中的一项重要内容，对项目承接方（测绘单位）实际测绘生产有指导作用，是委托方及监理方监督和评价承接方是否按计划执行项目、是否达到约定的阶段性目标的重要依据，也是阶段性工程费用结算的重要依据。

进度安排应尽可能详细，一般应将拟订完成的工程内容罗列出来，标明每项工作计划完成的具体时间以及预期的阶段性成果。对工程内容出现时间重叠和交错的情形，应按照完成的工程量进行阶段性分割。

8.2.6 甲乙双方的义务

测绘项目的完成需要双方共同协作及努力，双方应尽的义务也必须在合同中予以明确陈述。

(1) 甲方的义务主要包括：

① 向乙方提交该测绘项目相关的资料；

② 完成对乙方提交的技术设计书的审定工作；

③ 保证乙方的测绘队伍顺利进入现场工作，并对乙方进场人员的工作、生活提供必要的条件，保证工程款按时到位；

④ 允许乙方内部使用执行本合同所生产的测绘成果等。

(2) 乙方的义务主要包括：

① 根据甲方的有关资料和本合同的技术要求完成技术设计书的编制，并交甲方审定；

② 组织测绘队伍进场作业；

③ 根据技术设计书要求确保测绘项目如期完成；

④ 允许甲方内部使用乙方为执行本合同所提供的属乙方所有的测绘成果；

⑤ 未经甲方允许，乙方不得将本合同标的全部或部分转包给第三方等。

在合同中一般还需对各方拟尽义务的部分条款进行时间约束，以保证限期完成或达到要求，从而保障项目的顺利开展。

8.2.7 提交成果及验收方式

合同中必须对项目完成后拟提交的测绘成果进行详细说明，并逐一罗列出成果名称、种类、技术规格、数量及其他需要说明的内容。成果的验收方式须由双方协商确定，一般情况下，应根据提交成果的不同类别进行分类验收。在存在监理方的情况下，必须由委托方、项目承接方和项目监理方三方共同来完成成果的质量检查及成果验收工作。

8.2.8 其他内容

除了上述内容外，合同中还需包括以下内容：

① 对违约责任的明确规定；

② 对不可抗拒因素的处理方式；

③ 争议的解决方式及办法；

④ 测绘成果的版权归属和保密约定；

⑤ 合同未约定事宜的处理方式及解决办法。

8.3 成本预算

测绘单位取得与甲方签订的测绘合同可后，财务部门根据合同规定的指标、项目施工技术设计书、测绘生产定额、测绘单位的承包经济责任制及有关的财务会计资料等编制测绘项目成本预算。

测绘项目成本预算一般分为两种情况：如果项目是生产承包制，其成本预算由生产成本预算和应承担的期间费用预算组成；如果项目是生产经营承包制，其成本预算由生产成本预算、应承担的承包部门费用预算和应承担的期间费用预算组成。

8.3.1　成本预算的依据

根据测绘单位的具体情况，其成本管理可分为三个层次：

第一层次管理的成本，就是测绘项目的直接生产费用，包括直接工资、直接材料、折旧费及生产人员的交通差旅费等。

第二层次管理的成本，不仅包括测绘项目的直接生产费用，还包括可直接记入项目的相关费用和按规定的标准分配记入项目的承包部门费用。

第三层次管理的成本，包括测绘项目应承担的完全成本，它要求采用完全成本法进行管理。

8.3.2　成本预算的内容

(1) 生产成本

生产成本，即直接用于完成特定项目所需的直接费用，主要包括直接人工费、直接材料费、交通差旅费、折旧费等。实行项目承包(或费用包干)的情形只需计算直接承包费用和折旧费等内容。

(2) 经营成本

经营成本主要包括两大类：

① 员工福利及他项费用，包括按工资基数计提的福利费、职工教育经费、住房公积金、养老保险金、失业保险等分配记入项目的部分。

② 机构运营费用，包括业务往来费用，办公费用，仪器购置、维护及更新费用，工会经费，社团活动费用，质量及安全控制成本，基础设施建设等反映测绘单位正常运作的费用分配记入项目的部分。

8.3.3　成本预算的注意事项

成本预算具体操作需视情况而定。如前所述，它和单位的组织形式、用工方式和会计制度都有直接关系。当然，严格合理的项目成本预算有利于调动测绘人员的积极性，同时能最大限度地降低成本，创造相应的效益。

本章小结

本章主要介绍了测绘项目合同的基本概念、主要内容、成本预算等内容。通过本章的学习，学生应能够根据这些知识和有关标准撰写测绘合同，能够根据案例进行成本预算。

习　　题

1. 测绘项目合同主要内容包括哪些方面？
2. 测绘生产成本包括哪些方面？
3. 测绘经营成本包括哪些方面？

第9章 测绘项目技术设计

9.1 测绘技术设计概述

9.1.1 术语和定义

(1) 测绘项目

测绘项目是由一组有起止日期的、相互协调的测绘活动组成的独特过程。该过程要达到符合包括时间、成本和资源的约束条件在内的规定要求的目标,且其成果(或产品)可提供给社会直接使用和流通。测绘项目通常包括一项或多项不同的测绘活动。构成测绘项目的测绘活动,根据其内容不同可以分为大地测量、摄影测量与遥感、野外地形数据采集及成图、地图制图与印刷、工程测量、界线测绘、基础地理信息数据建库等测绘专业活动;也可根据测区的不同,划分不同的专业活动;还可将两者综合考虑进行划分。

(2) 测绘技术设计

测绘技术设计,是将顾客或社会对测绘成果的要求(即明示的、通常隐含的或必须履行的需求或期望)转换为测绘成果(或产品)、测绘生产过程或测绘生产体系规定的特性或规范的一组过程。

测绘技术设计的目的是为测绘项目制订切实可行的技术方案,保证测绘成果(或产品)符合技术标准和满足顾客要求,并获得最佳的社会效益和经济效益。因此,每个测绘项目作业前都应进行技术设计。

(3) 测绘技术设计文件

测绘技术设计文件是为测绘成果(或产品)固有特性和生产过程或体系提供规范性依据的文件,主要包括项目设计书、专业技术设计书以及相应的技术设计更改文件。

(4) 技术设计更改文件

技术设计更改文件是设计更改过程中由设计人员提出,并经过评审、验证(必要时)和审批的技术设计文件。技术设计更改文件既可以是对原设计文件的技术性更改,也可以是对原设计文件的技术性补充。

(5) 测绘技术的设计过程

为了确保测绘技术设计文件满足规定要求的适宜性、充分性和有效性,测绘技术的设计活动应按照一定的设计过程进行。这个过程是一组将设计输入转化为设计输出的相互关联或相互作用的活动,主要包括策划、设计输入、设计输出、设计评审、验证(必要时)、审批和更改。

① 设计输入:又称为设计依据,与成果、生产过程或生产体系要求有关,设计输出必须满足的要求或依据的基础性资料。

② 设计输出:指设计过程的结果,其表现形式为测绘技术设计文件。

③ 设计评审:是为确定设计输出达到规定目标的适宜性、充分性和有效性所进行的活动。

④ 设计验证:是通过提供客观证据,对设计输出满足输入要求的认定。

9.1.2 测绘技术设计分类

测绘技术设计分为项目设计和专业技术设计两类。

(1) 项目设计

项目设计是对测绘项目进行的综合性整体设计,一般由承担项目的法人单位负责编写。

(2) 专业技术设计

专业技术设计是对测绘专业活动的技术要求进行设计,它是在项目设计基础上,按照测绘活动内容进行的具体设计,是指导测绘生产的主要技术依据。专业技术设计一般由具体承担相应测绘专业任务的法人单位负责编写。

需要说明的是:对于工作量较小的项目,可根据需要将项目设计和专业技术设计合并为项目设计。

9.1.3 测绘技术设计编写依据

技术设计应依据设计输入内容,充分考虑顾客的要求,引用适用的国家、行业或地方的相关标准或规范,重视社会效益和经济效益。相关标准或规范一经引用,便构成技术设计内容的一部分。

技术设计方案应先考虑整体后局部,而且应考虑未来发展。要根据作业区实际情况,考虑作业单位的资源条件,如作业单位人员的技术能力、仪器设备配置等情况,挖掘潜力,选择最适用的方案。

对已有的测绘成果和资料,应认真分析和充分利用。对于外业测量,必要时应进行实地勘察,并编写踏勘报告。积极采用适用的新技术、新方法和新工艺。

9.1.4 测绘技术设计书的编写要求

(1) 技术设计书编写

① 内容明确,文字简练,对标准或规范中已有明确规定的,一般可直接引用,并根据引用内容的具体情况,标明所引用标准或规范名称、日期以及引用的章、条编号,且应在其引用文件中列出;对作业生产中容易混淆和忽视的问题,应重点描述。

② 名词、术语、公式、符号、代号和计量单位等应与有关法规和标准一致。

③ 技术设计书的幅面、封面格式和字体、字号等应符合相关要求。

(2) 精度指标设计

技术设计书不仅要明确作业或成果的坐标系、高程基准、时间系统、投影方法,而且须明确技术等级或精度指标。对于工程测量项目,在精度设计时,应综合考虑放样误差、构建制造误差等影响,既要满足精度要求,又要考虑经济效益。

(3) 工艺技术流程设计

工艺技术流程设计应说明项目实施的主要生产过程和这些过程之间输入、输出的接口关系。必要时,应用流程图或其他形式清晰、准确地规定出生产作业的主要过程和接口关系。

(4) 工程进度设计

工程进度设计应对以下内容做出规定：

① 划分作业区的困难类别。

② 根据设计方案，分别计算统计各工序的工作量。

③ 根据统计的工作量和计划投入的生产实力，参照有关生产定额，分别列出年度进度计划和各工序的衔接计划。

工程进度设计可以编绘工程进度图或工程进度表。

(5) 质量控制设计

工程质量控制设计内容主要包括：

① 组织管理措施：规定项目实施的组织管理和主要人员的职责和权限。

② 资源保证措施：对人员的技术能力或培训的要求，对软、硬件装备的需求等。

③ 质量控制措施：规定生产过程中的质量控制环节和产品质量检查、验收的主要要求。

④ 数据安全措施：规定数据安全和备份方面的要求。

(6) 项目经费预算

根据设计方案和进度安排，编制分年度(或分期)经费和总经费计划，并做出必要说明。

(7) 提交成果设计

提交的成果应符合技术标准和满足顾客要求，根据具体成果(或产品)，规定其主要技术指标和规格，一般可包括成果(或产品)类型及形式、坐标系统、高程基准、重力基准、时间系统，比例尺、分带、投影方法，分幅编号及其空间单元，数据基本内容、数据格式、数据精度以及其他技术指标等。

9.2 测绘技术设计书的主要内容

技术设计实施前，承担设计任务的单位或部门的总工程师或技术负责人负责对测绘技术设计进行策划，并对整个设计过程进行控制。必要时，也可指定相应的技术人员负责。

9.2.1 收集资料

技术设计前，需要收集作业区自然地理概况和已有资料情况。

根据测绘项目的具体内容和特点，需要说明与测绘作业有关的作业区的自然地理概况，内容可包括：

(1) 作业区的地形概况、地貌特征，如居民地、道路、水系、植被等要素的分布与主要特征，地形类别、困难类别、海拔高度、相对高差等。

(2) 作业区的气候情况，如气候特征、风雨季节等。

(3) 其他需要说明的作业区情况等。

对于收集到的已有资料，需说明其数量、形式、主要质量情况(包括已有资料的主要技术指标和规格等)和评价，说明已有资料利用的可能性和利用方案等。说明项目设计书编写过程中所引用的标准、规范或其他技术文件，文件一经引用，便构成项目设计书设计内容的一部分。

9.2.2 踏勘调查

为了保证技术设计的可行性和可操作性，根据项目的具体情况实施踏勘调查，并编写出踏勘报告。

踏勘报告应包含以下内容：

① 作业区的行政区划、经济水平、踏勘时间、人员组成及分工、踏勘线路及范围。

② 作业区的自然地理情况。

③ 作业区的交通情况。

④ 居民的风俗习惯和语言情况。

⑤ 作业区的供应情况。

⑥ 作业区的测量标志完好情况。

⑦ 对技术设计方案和作业的建议。

9.2.3　项目设计(总体设计)

项目设计书的编写应包含以下内容：

(1) 概述

说明项目来源、内容和目标、作业区范围和行政隶属、任务量、完成期限、项目承担单位和成果(或产品)接收单位等。

(2) 作业区自然地理概况和已有资料情况

① 作业区自然地理概况

根据测绘项目的具体内容和特点，根据需要说明与测绘作业有关的作业区自然地理概况。

② 已有资料情况

说明已有资料的数量、形式、主要质量情况(包括已有资料的主要技术指标和规格等)和评价；说明已有资料利用的可能性和利用方案等。

(3) 引用文件

说明项目设计书编写过程中所引用的标准、规范或其他技术文件。

(4) 成果(或产品)主要技术指标和规格

说明成果(或产品)的种类及形式、坐标系统、高程基准，比例尺、分带、投影方法，分幅编号及其空间单元，数据基本内容、数据格式、数据精度以及其他技术指标等。

(5) 设计方案

① 软件和硬件配置要求。

规定测绘生产过程中的硬、软件配置要求，主要包括：

a. 硬件：规定对生产过程所需的主要测绘仪器、数据处理设备、数据存储设备、数据传输网络等设备的要求。其他硬件配置方面的要求(如对于外业测绘，可根据作业区的具体情况，规定对生产所需的主要交通工具、主要物资、通信联络设备以及其他必需的装备等要求)。

b. 软件：规定对生产过程中主要应用软件的要求。

② 技术路线及工艺流程。

说明项目实施的主要生产过程和这些过程之间输入、输出的接口关系。

③ 技术规定。

技术规定主要内容包括：

a. 规定各专业活动的主要过程、作业方法和技术、质量要求。

b. 特殊的技术要求，采用新技术、新方法、新工艺的依据和技术要求。

④ 上交和归档成果(或产品)及其资料内容和要求。

分别规定上交和归档的成果(或产品)内容、要求和数量,以及有关文档资料的类型、数量等,主要包括:

a. 成果数据:规定数据内容、组织、格式、存储介质、包装形式和标识及其上交和归档的数量等。

b. 文档资料:规定需上交和归档的文档资料的类型(包括技术设计文件、技术总结、质量检查验收报告、必要的文档簿、作业过程中形成的重要记录等)和数量等。

⑤ 质量保证措施和要求。

(6) 进度安排和经费预算

① 进度安排

a. 划分作业区的困难类别。

b. 根据设计方案,分别计算统计各工序的工作量。

c. 根据统计的工作量和计划投入的生产实力,参照有关生产定额,分别列出年度计划和各工序的衔接计划。

② 经费预算

根据设计方案和进度安排编制分年度(或分期)经费和总经费计划,并做出必要说明。

(7) 附录

附录的主要内容包括需进一步说明的技术要求及有关的设计附图、附表。

9.2.4 专业技术设计(分项设计)

专业技术设计书的内容通常包括概述、测区自然地理概况与已有资料情况、引用文件、成果(或产品)主要技术指标和规格、技术设计方案等部分。

(1) 概述

主要说明任务的来源、目的、任务量、测区范围和作业内容、行政隶属以及完成期限等任务基本情况。

(2) 作业区自然地理概况与已有资料情况

① 作业区自然地理概况

根据不同专业测绘任务的具体内容和特点,根据需要说明与测绘作业有关的作业区自然地理概况。

② 已有资料情况

主要说明已有资料的数量、形式、主要质量情况(包括已有资料的主要技术指标和规格等)和评价;说明已有资料利用的可能性和利用方案等。

(3) 引用文件

说明专业技术设计书编写过程中所引用的标准、规范或其他技术文件。文件一经引用,便构成专业技术设计书设计内容的一部分。

(4) 成果(或产品)主要技术指标和规格

一般包括成果(或产品)类型及形式、坐标系统、高程基准、重力基准、时间系统,比例尺、分带、投影方法,分幅编号及其空间单元,数据基本内容、数据格式、数据精度以及其他技术指标等。

(5) 设计方案

具体内容应根据各专业测绘活动的内容和特点确定。设计方案的内容一般包括以下几个方面：

① 硬件、软件环境及其要求：规定作业所需的测量仪器的类型、数量、精度指标以及对仪器校准或检定的要求；规定对作业所需的数据处理、存储、传输等设备的要求；规定对专业应用软件的要求和其他软、硬件配置方面需特别规定的要求。

② 作业的技术路线或流程。

③ 各工序的作业方法、技术指标和要求。

④ 生产过程中的质量控制环节和产品质量检查的主要要求。

⑤ 数据安全、备份或其他特殊的技术要求。

⑥ 上交和归档成果及其资料的内容和要求。

⑦ 有关附录，包括设计附图、附表和其他有关内容。

9.3 专业技术设计书的主要内容

根据专业测绘活动内容的不同，专业技术设计书可按大地测量、工程测量、摄影测量与遥感、野外地形数据采集及成图、基础地理信息数据建库等专业分别设计。

9.3.1 大地测量

大地测量专业技术设计书的主要内容见表9-1。

表9-1 大地测量专业技术设计书的主要内容

序号	具体内容	简要说明	
1	任务概述	说明任务的来源、目的、任务量、测区范围和行政隶属等基本情况	
2	测区自然地理概况和已有资料情况	① 测区自然地理概况 说明与设计方案或作业有关的测区自然地理概况，内容可包括测区地理特征、居民地、交通、气候情况和困难类别等。 ② 已有资料情况 说明已有资料的数量、形式、施测年代、采用的坐标系统、高程和重力基准、资料的主要质量情况和评价、利用的可能性和利用方案等	
3	引用文件	所引用的标准、规范或其他技术文件	
4	主要技术指标	说明作业或成果的坐标系统、高程基准、重力基准、时间系统、投影方法、精度或技术等级以及其他主要技术指标等	
5	设计方案	（1）选点、埋石	① 规定作业所需的主要装备、工具、材料和其他设施； ② 规定作业的主要过程、各工序作业方法和精度质量要求； ③ 上交和归档成果及其资料的内容和要求； ④ 有关附录
		（2）平面控制测量（GPS测量）	① 规定GPS接收机或其他测量仪器的类型、数量、精度指标等； ② 规定作业的主要过程、各工序作业方法和精度质量要求； ③ 上交和归档成果及其资料的内容和要求； ④ 有关附录

续表 9-1

序号	具体内容	简要说明	
5	设计方案	(3) 平面控制测量（三角测量和导线测量）	① 规定测量仪器的类型、数量、精度指标以及对仪器校准或检定的要求等； ② 规定作业的主要过程、各工序作业方法和精度质量要求； ③ 上交和归档成果及其资料的内容和要求； ④ 有关附录
		(4) 高程控制测量	① 规定测量仪器的类型、数量、精度指标以及对仪器校准或检定的要求等； ② 规定作业的主要过程、各工序作业方法和精度质量要求； ③ 上交和归档成果及其资料的内容和要求； ④ 有关附录
		(5) 重力测量	① 规定测量仪器的类型、数量、精度指标以及对仪器校准或检定的要求等； ② 规定作业的主要过程、各工序作业方法和精度质量要求； ③ 上交和归档成果及其资料的内容和要求； ④ 有关附录
		(6) 大地测量数据处理	① 规定计算所需的软、硬件配置及其检验和测试要求； ② 规定数据处理的技术路线或流程； ③ 规定各过程作业要求和精度质量要求

9.3.2 工程测量

工程测量专业技术设计书的主要内容见表 9-2。

表 9-2 工程测量专业技术设计书的主要内容

序号	具体内容	简要说明	
1	任务概述	说明任务来源、用途、测区范围、内容与特点等基本情况	
2	测区自然地理概况和已有资料情况	① 测区自然地理概况； ② 已有资料情况	
3	引用文件	所引用的标准、规范或其他技术文件	
4	成果（或产品）规格和主要技术指标	说明作业或成果的比例尺、平面和高程基准、投影方式、成图方法、成图基本等高距、数据精度、格式、基本内容以及其他主要技术指标等	
5	设计方案	(1) 平面控制测量（GPS 测量）	① 规定 GPS 接收机或其他测量仪器的类型、数量、精度指标等； ② 规定作业的主要过程、各工序作业方法和精度质量要求； ③ 上交和归档成果及其资料的内容和要求； ④ 有关附录

续表 9-2

<table>
<tr><th>序号</th><th>具体内容</th><th colspan="2">简要说明</th></tr>
<tr><td rowspan="6">5</td><td rowspan="6">设计方案</td><td>(2) 平面控制测量（三角测量和导线测量）</td><td>① 规定测量仪器的类型、数量、精度指标以及对仪器校准或检定的要求等；
② 规定作业的主要过程、各工序作业方法和精度质量要求；
③ 上交和归档成果及其资料的内容和要求；
④ 有关附录</td></tr>
<tr><td>(3) 高程控制测量</td><td>① 规定测量仪器的类型、数量、精度指标以及对仪器校准或检定的要求等；
② 规定作业的主要过程、各工序作业方法和精度质量要求；
③ 上交和归档成果及其资料的内容和要求；
④ 有关附录</td></tr>
<tr><td>(4) 施工测量</td><td rowspan="3">① 规定测量仪器的类型、数量、精度指标以及对仪器校准或检定的要求等；
② 规定作业的技术路线和流程；
③ 规定作业方法和技术要求；
④ 质量控制环节和质量检查的主要要求；
⑤ 上交和归档成果及其资料的内容和要求；
⑥ 有关附录</td></tr>
<tr><td>(5) 竣工测量</td></tr>
<tr><td>(6) 线路测量</td></tr>
<tr><td>(7) 变形测量</td><td>① 规定测量仪器的类型、数量、精度指标以及对仪器校准或检定的要求等；
② 规定作业的技术路线和流程；
③ 规定作业方法和技术要求；
④ 上交和归档成果及其资料的内容和要求；
⑤ 有关附录</td></tr>
</table>

9.3.3 摄影测量与遥感

摄影测量与遥感专业技术设计书的主要内容见表 9-3。

表 9-3　　摄影测量与遥感专业技术设计书的主要内容

序号	具体内容	简要说明
1	任务概述	说明任务来源、测区范围、地理位置、行政隶属、成图比例尺、任务量等基本情况
2	测区自然地理概况和已有资料情况	① 测区自然地理概况：说明与设计方案或作业有关的作业区自然地理概况，内容可包括测区地形概况、地貌特征、海拔高度、相对高差、地形类别、困难类别和居民地、道路、水系、植被等要素的分布与主要特征，气候、风雨季节及生活条件等情况。 ② 已有资料情况：说明地形图资料采用的平面和高程基准、比例尺、等高距、测制单位和年代等；说明航摄资料的航摄单位、摄影时间、摄影机型号、焦距、相片比例尺、航高等；说明遥感资料数据的时相、分辨率、波段等；说明资料利用的可能性和利用方案等
3	引用文件	所引用的标准、规范或其他技术文件
4	成果（或产品）规格和主要技术指标	说明作业或成果的比例尺、平面和高程基准、投影方式、成图方法、图幅基本等高距、数据精度、格式、基本内容以及其他主要技术指标等

续表 9-3

序号	具体内容	简要说明	
5	设计方案	(1) 航空摄影	航空摄影技术设计的要求按《航空摄影技术设计规范》(GB/T 19294—2003)执行
		(2) 摄影测量	① 软、硬件环境及其要求； ② 规定作业的技术路线或流程； ③ 规定各工序作业要求和质量指标； ④ 在隐蔽地区、困难地区或特殊情况下测图，或采用新技术、新仪器测图时，需规定具体的作业方法、技术要求、限差规定和必要的精度估算及说明； ⑤ 质量控制环节和质量检查的主要要求； ⑥ 成果上交和归档要求； ⑦ 有关附录
		(3) 遥感	① 硬件平台和软件环境； ② 作业的技术路线和工艺流程； ③ 规定遥感资料获取、控制和处理的技术与质量要求； ④ 其他相关的技术、质量要求； ⑤ 质量控制环节和质量检查的主要要求； ⑥ 成果上交和归档要求； ⑦ 有关附录

9.3.4 野外地形数据采集及成图

野外地形数据采集及成图专业技术设计书的主要内容见表 9-4。

表 9-4 野外地形数据采集及成图专业技术设计书的主要内容

序号	具体内容	简要说明
1	任务概述	说明任务来源、测区范围、地理位置、行政隶属、成图比例尺、采集内容、任务量等基本情况
2	测区自然地理概况和已有资料情况	① 测区自然地理概况 根据需要说明与设计方案或作业有关的测区自然地理概况，内容可包括测区地理特征、居民地、交通、气候情况和困难类别等。 ② 已有资料情况 说明已有资料的施测年代，采用的平面及高程基准，资料的数量、形式、主要质量情况和评价，利用的可能性和利用方案等
3	引用文件	所引用的标准、规范或其他技术文件
4	成果(或产品)规格和主要技术指标	说明作业或成果的比例尺、平面和高程基准、投影方式、成图方法、成图基本等高距、数据精度、格式、基本内容以及其他主要技术指标等

续表 9-4

序号	具体内容	简要说明
5	设计方案	① 规定测量仪器的类型、数量、精度指标以及对仪器校准或检定的要求，规定作业所需的专业应用软件及其他配置。 ② 图根控制测量：规定各类图根点的布设、标志的设置，观测使用的仪器、测量方法和测量限差的要求等。 ③ 规定作业方法和技术要求。 ④ 其他特殊要求：拟定所需的主要物资及交通工具等，指出物资供应、通信联络、业务管理以及其他特殊情况下的应对措施或对作业的建议等；采用新技术、新仪器测图时，需规定具体的作业方法、技术要求、限差规定和必要的精度估算和说明。 ⑤ 质量控制环节和质量检查的主要要求。 ⑥ 上交和归档成果及其资料的内容和要求。 ⑦ 有关附录

9.3.5 基础地理信息数据建库

基础地理信息数据建库专业技术设计书的主要内容见表9-5。

表 9-5　基础地理信息数据建库专业技术设计书的主要内容

序号	具体内容	简要说明
1	任务概述	说明任务来源、管理框架、建库目标、系统功能、预期结果、完成期限等基本情况
2	已有资料情况	说明数据来源、数据范围、数据产品类型、格式、精度、数据组织、主要质量指标和基本内容等质量情况，并结合数据入库前的检查、验收报告或其他有关文件，说明数据的质量情况和利用方案
3	引用文件	说明专业技术设计书编写中所引用的标准、规范或其他技术文件
4	成果(或产品)规格和主要技术指标	说明数据库范围、内容、数学基础、分幅编号、成果(或产品)的空间单元、数据精度、格式及其他重要技术指标
5	设计方案	① 规定建库的技术路线和流程，应用流程图或其他形式，清晰、准确地规定建库的主要过程及其接口关系。 ② 系统软件和硬件的设计：规定建库的操作系统、数据库管理系统及有关的制图软件等；规定数据库输入设备、输出设备、数据处理设备(如服务器、图形工作站及计算机等)、数据存储设备及其他设备的功能要求或型号、主要技术指标等。 ③ 数据库概念模型设计：规定数据库的系统构成、空间定位参考、空间要素类型及其关系、属性要素类型及其关系等。 ④ 数据库逻辑设计：应规定要素分类与代码、层(块)、属性项及值域范围以及数据安全性控制技术要求等。 ⑤ 数据库物理设计：应描述数据库类型(如关系型数据库、文件型数据库)，软、硬件平台，数据库及其子库的命名规则、类型、位置及数据量等。 ⑥ 其他技术规定，如用户界面形式、安全备份要求及其他安全规定等。 ⑦ 数据库管理和应用的技术规定。 ⑧ 数据库建库的质量控制环节和检查要求(包括对数据入库前的检查和整理要求)。 ⑨ 上交和归档成果及其资料的内容和要求。 ⑩ 有关附录

9.3.6 地理信息系统

地理信息系统专业技术设计书的主要内容见表 9-6。

表 9-6 地理信息系统专业技术设计书的主要内容

序号	具体内容	简要说明
1	需求规格说明书	① 引言:编写目的、编写背景、定义、参考资料等。 ② 项目概述:项目目标、内容、现行系统的调查情况,系统运行环境,条件与限制等。 ③ 系统数据描述:包括静态数据、动态数据、数据流图、数据库描述、数据字典、数据加工、数据采集等。 ④ 系统功能需求:包括功能划分、功能描述等。 ⑤ 系统性能需求:包括数据精确度、时间特性、适应性等。 ⑥ 系统运行需求:包括用户界面、硬件接口、软件接口、故障处理等。 ⑦ 质量保证。 ⑧ 其他需求(如可使用性、安全保密性、可维护性、可移植性等)
2	系统设计	(1) 系统总体设计 ① 体系结构设计:C/S 结构或 B/S 结构的选择。 ② 软件配置与硬件网络架构(软件配置、硬件及网络环境设计)等。 (2) 系统功能设计 根据需求分析结果设计系统功能,包括数据采集与加工、数据检查与入库、数据更新与维护、数据查询与浏览、数据输出与转换、数据发布与共享、元数据管理等。此外,还可以包括控制测量成果管理、地名管理等。 (3) 系统安全设计 网络的安全与保密、应用系统的安全措施、数据备份和恢复机制、用户管理等
3	数据库设计	参见表 9-5
4	详细设计说明书	① 引言:背景、参考资料、术语和缩写语等。 ② 程序(模块) 系统的组织结构。 ③ 模块(子程序)设计说明。 模块(子程序)设计说明包括输入项、输出项、处理过程、接口、存储分配、注释设计、限制条件、测试计划等

9.4 设计评审、验证和审批

9.4.1 设计评审

在技术设计的适当阶段,应对技术设计文件进行评审,以确保达到规定的设计目标。设计评审应确定评审依据、评审目的、评审内容、评审方式以及评审人员等。其主要内容和要求有以下几点:

(1) 评审依据:设计输入的内容。

(2) 评审目的:评价技术设计文件满足要求(主要是设计输入要求)的能力;识别问题并提出必要的措施。

(3) 评审内容:送审的技术设计文件或设计更改内容及其有关说明。

（4）评审方式：依据评审的具体内容确定采取传递评审、会议评审以及有关负责人审核等。

（5）评审人员：确定评审负责人、与所评审的设计阶段有关的职能部门的代表，必要时邀请的有关专家名单等。

9.4.2　设计验证

为确保技术设计文件满足输入的要求，必要时应对技术设计文件进行验证。根据技术设计文件的具体内容，设计验证的方法可选用：

（1）将设计输入要求和相应的评审报告与其对应的输出进行比较验证。

（2）试验、模拟或试用，根据其结果验证输出是否符合其输入的要求。

（3）对照类似的测绘成果（或产品）进行验证。

（4）变换方法进行验证，如采用可替换的计算方法等。

（5）其他适用的验证方法。

设计方案采用新技术、新方法和新工艺时，应对技术设计文件进行验证。验证宜采用试验、模拟或试用等方法，根据其结果验证技术设计文件是否符合规定要求。

9.4.3　设计审批

为确保测绘成果（或产品）满足规定的使用要求或已知的预期用途的要求，应对技术设计文件进行审批。设计审批的依据主要包括设计输入内容、设计评审和验证报告等。

设计审批的方法如下：

（1）技术设计文件编写完成后，在报批之前，承担测绘任务的法人单位必须对其进行全面审核，并在技术设计文件和（或）产品样品上签署意见并签名（或章）。

（2）技术设计文件经审核签字后，一式二至四份报测绘任务的委托单位审批。

本章小结

本章主要介绍了测绘项目设计、设计评审的主要内容，详细说明了大地测量、工程测量、摄影测量与遥感等专业技术设计的编写要求和内容，最后介绍了设计评审、验证和审批的基本内容。

习　　题

1. 什么是测绘技术设计？
2. 测绘技术设计的目的是什么？
3. 设计过程由哪些设计活动构成？
4. 技术设计的依据有哪些？
5. 设计评审的意义是什么？

第10章　测绘项目组织实施

测绘项目组织与实施是完成测绘项目的重要环节，也是对测绘项目目标的具体管理阶段。

10.1　测绘项目的目标管理

测绘项目的目标是在规定的工期内尽量降低成本，保证测绘生产按计划进度正常进行；对生产过程进行有效控制，保证质量，使测绘成果满足委托方的要求；完成项目所有的测绘任务，创造最大经济效益和社会效益。这是总体目标，也分为工期目标、成本目标和质量目标。

（1）工期目标

在项目合同规定时间内完成整个项目。项目要通过不同的工序完成，工期目标应分解为各个工序的工期目标。

（2）成本目标

就是完成项目所花费的目标数额，即成本预算。在保证质量的前提下，任何项目都期望花费尽量少的成本。成本可分解为人工成本、设备折旧或租用成本、消耗材料成本等三大类，还可以将三类成本按不同工序进一步分解。

（3）质量目标

就是期望项目最终能够达到的质量等级。质量等级分为合格、良好、优秀。测绘成果质量由测绘成果质量检验部门检查验收评定。

10.2　测绘项目的资源配置

项目应配置合适的人员和设备，这是完成项目的两个主要条件。

10.2.1　人员配置

测绘项目人员配置分为项目负责人、生产管理组、技术管理组、质量控制组、后勤服务部门等。

（1）项目负责人

项目负责人（总经理）全面负责项目生产计划的实施，技术管理、质量控制、资料安全保密管理等工作。

（2）生产管理组

① 项目生产负责人（项目经理）：全面负责整个项目，包括经费控制、进度控制、质量控制、人员管理等工作。

② 中队生产负责人(部门经理):负责中队的包括经费控制、进度控制、质量控制、人员管理等工作。

③ 作业组生产负责人(生产作业组长):负责包括进度控制、质量控制、人员管理等工作。

(3) 技术管理组

① 项目技术负责人(总工):是项目的最高技术主管,负责整个项目的技术工作。

② 中队技术负责人(工程师):全面负责中队的技术工作。

③ 作业组技术负责人(组长):作业组是最基本的作业单位,技术负责人由组长兼任,负责全组的技术工作,是非脱产的岗位。

(4) 质量控制组

一般由质量管理部门负责,对每道工序进行质量检查。

(5) 后勤服务部门

负责资料管理、设备管理、安全保障、后勤保障等工作。

10.2.2　设备配置

要根据项目需求配置适合的设备,包括外业设备、内业设备及其他的辅助的材料工具等。

10.3　测绘项目的实施管理

测绘项目的实施目标是保证测绘生产能按生产进度计划正常进行,对测绘生产过程进行有效控制。

10.3.1　测绘项目进度控制

进度控制基本分为资源控制、进度控制和分析与改进三方面。

(1) 资源控制

① 人力资源控制

人力资源控制包括作业现场组织结构体系、作业人员及培训情况。作业现场组织结构应齐全,并应与投标方案中拟定的一致。

② 设备资源控制

设备是生产的基本工具,仪器设备是否符合要求直接影响测绘成果的质量,作业中应对设备的落实进行必要的控制。

(2) 进度控制

进度控制是指项目各阶段的工作内容、工作程序、持续时间和衔接关系编制计划,在实施中要经常检查实际进度与计划进度的偏差,有针对性地采取措施。

(3) 分析与改进

要对影响进度的各种因素进行分析,找出问题的原因,制定措施,协调各方力量控制影响因素。如原有计划不能适应实际情况,必须及时改进调整,形成新的进度计划,作为控制进度的新依据。

10.3.2　测绘项目资金预算控制

资金控制是在整个测绘项目实施阶段开展的一项管理活动,力求在保证质量和进度的同时使项目的实际投入不超过计划预算。

(1) 项目资金预算的科学性、合理性

项目预算主要包含生产成本和经营成本,要全面、科学、合理,应根据不同项目的特点和要求核算成本。

(2) 项目资金预算的执行与进度的符合性

预算的执行随工程进度的推进逐步执行,实施到每个阶段都应核算资金的执行情况是否与预算成本相符,出现偏差应及时调整。

(3) 项目资金预算执行内容的完整性

资金的执行应将项目的全部费用纳入执行范围,应包含各个工序资金测算、生产成本及经营成本测算,不能出现支出漏洞,总和应与预算总额一致。

10.3.3 测绘项目质量控制

项目质量是项目成功的基础。测绘项目质量是指能够满足用户或社会需要的由合同、技术标准、设计文件、作业规范等详细设定其适用、安全、经济、美观等特性要求的项目实体质量与施工各阶段、各环节的工作质量的总和。

测绘项目实施阶段是形成最终产品的最重要阶段。质量控制是测绘项目目标的核心目标,是测绘工作的重点和核心,是项目质量控制的重点,是资金控制和进度控制的具体体现。

(1) 质量控制的重要性

① 是项目委托方投资获得最快收益的前提。

② 是保证生产单位提供满足要求成果的有力保障。

③ 有利于生产进度计划的顺利实施。

④ 是目标控制的核心。

(2) 质量控制的基本依据

① 项目合同文件:测绘合同。

② 设计文件:经审批的技术设计书或作业指导文件。

③ 法律、法规和规范:国家、行业及地方颁布的法律、法规和规范。

④ 质量检查检验的标准:国家、行业、地方和企业标准等。

(3) 质量控制的内容

质量控制主要是通过生产单位对该项目的预期投入(主要是人员、设备、作业环境等)、组织生产过程和生产出来的测绘成果进行全过程的控制,以期按标准达到预定的成果质量目标。

(4) 质量控制的方法

测绘工程实施过程中应对项目的各个工序的过程成果和最终成果质量进行有效控制。对测绘成果采用"二级检查、一级验收"制度。

① 测绘单位作业部门的过程检查。

② 测绘单位质量管理部门的最终检查。

③ 项目管理单位组织的质量验收(验收一般采用抽样检查)。

本章小结

本章主要介绍了测绘项目组织的基本内容，包括测绘项目的目标管理、资源配置和实施管理。

习　　题

单选题

1. 质量控制活动的完成，一般分为标准、(　　)、纠正三个环节。

A. 完善　　B. 整改　　C. 信息　　D. 评审

2. 下列设备中，属于内业设备的是(　　)。

A. 全站仪　　B. GPS 接收机

C. 数字摄影测量工作站　　D. 水准仪

3. 质量目标就是期望项目最终能够达到的(　　)。

A. 质量合格　　B. 质量优秀　　C. 质量等级　　D. 质量原则

4. 项目目标可以分解为工期目标、(　　)和质量目标。

A. 管理目标　　B. 精度目标　　C. 成本目标　　D. 人员目标

5. 在子项目中，图根测量和细部测量一般由(　　)负责。

A. 项目负责人　　B. 前期工作人员　　C. 控制测量队　　D. 细部测量队

第11章　测绘技术总结

11.1　测绘技术总结的基本规定

（1）测绘技术总结的概述

测绘技术总结是在测绘任务完成后，对测绘技术设计文件和技术标准、规范等的执行情况，技术设计方案实施中出现的主要技术问题和处理方法，成果（或产品）质量、新技术的应用等进行分析研究、认真总结，并做出的客观描述和评价。测绘技术总结为用户（或下工序）对成果（或产品）的合理使用提供了方便，为测绘单位持续质量改进提供了依据，同时也为测绘技术设计、有关技术标准、规定的制定提供了资料。测绘技术总结是与测绘成果（或产品）有直接关系的技术性文件，是长期保存的重要技术档案。

（2）测绘技术总结的分类

测绘技术总结分专业技术总结和项目总结。

① 专业技术总结

专业技术总结是测绘项目中所包含的各测绘专业活动在其成果（或产品）检查合格后，分别总结撰写的技术文档。专业技术总结由具体承担相应测绘专业任务的法人单位负责编写。

② 项目总结的编写

项目总结是一个测绘项目在其最终成果（或产品）检查合格后，在各专业技术总结的基础上，对整个项目所做的技术总结。项目总结由承担项目的法人单位负责编写或组织编写；对于工作量较小的项目，可根据需要将项目总结和专业技术总结合并为项目总结。

技术总结具体的编写工作通常由单位的技术人员承担；完成后，单位总工程师或技术负责人应对技术总结编写的客观性、完整性等进行审核并签字，并对技术总结编写的质量负责。技术总结经审核、签字后，随测绘成果（或产品）、测绘技术设计文件和成果（或产品）检查报告一并上交和归档。

（3）测绘技术总结编写的主要依据

① 测绘任务书或合同的有关要求，顾客书面要求或口头要求的记录，市场的需求或期望。

② 测绘技术设计文件以及相关的法律、法规、技术标准和规范。

③ 测绘成果（或产品）的质量检查报告。

④ 适用时，以往测绘技术设计、测绘技术总结提供的信息以及现有生产过程和产品的质量记录及有关数据。

⑤ 其他有关文件和资料。

(4) 测绘技术总结编写的要求

① 测绘技术总结要内容真实、全面，重点突出。说明和评价技术要求的执行情况时，不应简单抄录设计书的有关技术要求；应重点说明作业过程中出现的主要技术问题和处理方法、特殊情况的处理及其达到的效果、经验、教训和遗留问题等；对应用的新技术、新方法、新材料和生产的新品种要认真细致地加以总结。

② 文字要简明扼要，公式、数据和图表应准确，名词、术语、符号、代号和计量单位等均应与有关法规和标准一致。

③ 测绘技术总结的幅面、封面格式、字体、字号应符合相关要求(见 CH/T 1001—2005)。

(5) 测绘技术总结的组成

测绘技术总结(包括项目总结和专业技术总结)通常由概述、技术设计执行情况、成果(或产品)质量说明和评价、上交和归档成果(或产品)和资料清单四部分组成，见表 11-1。

表 11-1　测绘技术总结组成的内容

序号	内容	简要说明
1	概述	概要说明测绘任务总的情况，如任务来源、目标、工作量等，任务的安排与完成情况，以及作业区概况和已有资料利用情况等
2	技术设计执行情况	主要说明和评价测绘技术设计文件和有关的技术标准、规范的执行情况，内容主要包括生产所依据的测绘技术设计文件和有关的技术标准、规范，设计书执行情况以及执行过程中技术性更改情况，生产过程中出现的主要技术问题和处理方法、特殊情况的处理及其达到的效果等，新技术、新方法、新材料等应用情况，经验、教训、遗留问题、改进意见和建议等
3	成果(或产品)质量说明和评价	简要说明和评价测绘成果(或产品)的质量情况(包括必要的精度统计)、产品达到的技术质量指标，并说明其质量检查报告的名称和编号
4	上交和归档的成果(或产品)及其资料清单	分别说明上交和归档成果(或产品)的形式、数量等，以及一并上交和归档的资料文档清单

11.2　项目总结的主要内容

项目总结是一个测绘项目在其最终成果(或产品)检查合格后，在各专业技术总结的基础上，对整个项目所做的技术总结，由概述、技术设计执行情况、成果(或产品)质量说明和评价、上交和归档的成果(或产品)及其资料清单四部分组成，见表 11-2。

表 11-2　项目总结组成的内容

序号	内容	简要说明
1	概述	① 项目来源、内容、目标、工作量，项目的组织和实施，专业测绘任务的划分、内容和相应任务的承担单位，产品交付与接收情况等。 ② 项目执行情况：说明生产任务安排与完成情况，统计有关的作业定额和作业率，经费执行情况等。 ③ 作业区概况和已有资料的利用情况
2	技术设计执行情况	① 说明生产所依据的技术性文件，内容包括：项目设计书、项目所包括的全部专业技术设计书、技术设计更改文件，有关的技术标准和规范。 ② 说明项目总结所依据的各专业技术总结。 ③ 说明和评价项目实施过程中，项目设计书和有关技术标准、规范的执行情况，并说明项目设计书的技术更改情况（包括技术设计更改的内容、原因的说明等）。 ④ 重点描述项目实施过程中出现的主要技术问题和处理方法、特殊情况的处理及其达到的效果等。 ⑤ 说明项目实施过程中质量保证措施（包括组织管理措施、资源保证措施和质量控制措施以及数据安全措施）的执行情况。 ⑥ 当生产过程中采用新技术、新方法、新材料时，应详细描述和总结其应用情况。 ⑦ 总结项目实施中的经验、教训（包括重大的缺陷和失败）和遗留问题，并对今后生产提出改进意见和建议
3	测绘成果（或产品）质量说明与评价	说明和评价项目最终测绘成果（或产品）的质量情况（包括必要的精度统计）、产品达到的技术指标，并说明最终测绘成果（或产品）的质量检查报告的名称和编号
4	上交和归档测绘成果（或产品）及其资料清单	分别说明上交和归档成果（或产品）的形式、数量等，以及一并上交和归档的资料文档清单，主要包括： ① 测绘成果（或产品）：说明其名称、数量、类型等。当上交成果的数量或范围有变化的，需附上交成果分布图。 ② 文档资料：包括项目设计书及其有关的设计更改文件、项目总结，质量检查报告，必要时也包括项目所包含的专业技术设计书及其有关的专业设计更改文件和专业技术总结，文档簿（图历簿）以及其他作业过程中形成的重要记录。 ③ 其他须上交和归档的资料

11.3　专业技术总结的主要内容

专业技术总结是测绘项目中所包含的各测绘专业活动在其成果（或产品）检查合格后，分别总结撰写的技术文档，由概述、技术设计执行情况、成果（或产品）质量说明和评价、上交和归档的成果（或产品）及其资料清单四部分组成，见表 11-3。

表 11-3 专业技术总结组成的内容

序号	内容	简要说明
1	概述	① 测绘项目的名称、专业测绘任务的来源，专业测绘任务的内容、任务量和目标，产品交付与接收情况等。 ② 计划与实际完成情况、作业率的统计。 ③ 作业区概况和已有资料的利用情况
2	技术设计执行情况	① 说明专业活动所依据的技术性文件，内容包括：专业技术设计书及其有关的技术设计更改文件，必要时也包括本测绘项目的项目设计书及其设计更改文件，有关的技术标准和规范。 ② 说明和评价专业技术活动过程中，专业技术设计文件的执行情况，并重点说明专业测绘生产过程中，专业技术设计书的更改情况（包括专业技术设计更改内容、原因的说明等）。 ③ 描述专业测绘生产过程中出现的主要技术问题和处理方法、特殊情况的处理及其达到的效果等。 ④ 当作业过程中采用新技术、新方法、新材料时，应详细描述和总结其应用情况。 ⑤ 总结专业测绘生产中的经验、教训（包括重大的缺陷和失败）和遗留问题，并对今后生产提出改进意见和建议
3	测绘成果（或产品）质量情况	说明和评价测绘成果（或产品）的质量情况（包括必要的精度统计）、产品达到的技术指标，并说明测绘成果（或产品）的质量检查报告的名称和编号
4	上交测绘成果（或产品）和资料清单	① 测绘成果（或产品）：说明其名称、数量、类型等；当上交成果的数量或范围有变化时，需附上交成果分布图。 ② 文档资料：专业技术设计文件、专业技术总结、检查报告，必要的文档簿（图历簿）以及其他过程中形成的重要记录。 ③ 其他须上交和归档的资料

11.3.1 大地测量

大地测量专业包括平面控制测量、高程控制测量、重力测量、大地测量计算等。

(1) 水平控制测量

平面控制测量技术总结的具体内容见表 11-4。

表 11-4 平面控制测量技术总结的具体内容

序号	内容	简要说明
1	概述	① 任务来源、目的，生产单位，生产起止时间，生产安排概况。 ② 测区名称、范围，行政隶属，自然地理特征，交通情况和困难类别。 ③ 锁、网、导线段（节）、基线（网）或起始边和天文点的名称与等级，分布密度，通视情况，边长（最大、最小、平均）和角度（最大、最小）等。 ④ 作业技术依据。 ⑤ 计划与实际完成工作量的比较，作业率的统计

续表 11-4

序号	内容	简要说明
2	利用已有资料情况	① 采用的基准和系统。 ② 起算数据及其等级。 ③ 已知点的利用和联测。 ④ 资料中存在的主要问题和处理方法
3	作业方法、质量和有关技术数据	① 使用的仪器、仪表、设备和工具的名称、型号、检校情况。 ② 觇标与标石的情况、施测方法、照准目标类型、观测权数与测回数、光段数、日夜比、重测数与重测率、记录方法、记录程序来源和审查意见、归心元素的测定方法、次数和质量、概算情况与结果等 ③ 新技术、新方法的采用及其效果。 ④ 执行技术标准的情况，出现的主要问题和处理方法，保证和提高质量的主要措施，各项限差与实际测量结果的比较，外业检测情况及精度分析等。 ⑤ 重合点及联测情况，新、旧成果的分析比较。 ⑥ 为测定国家级水平控制点高程而进行的水准联测与三角高程的施测情况，概算方法和结果
4	技术结论	① 对本测区成果质量、设计方案和作业方法等的评价。 ② 重大遗留问题的处理意见。 ③ 经验、教训和建议
5	附图、附表	① 利用已有资料清单。 ② 测区点、线、锁、网的分布图。 ③ 精度统计表。 ④ 仪器、基线尺检验结果汇总表。 ⑤ 上交测绘成果清单等

（2）高程控制测量

高程控制测量技术总结的具体内容见表 11-5。

表 11-5　高程控制测量技术总结的具体内容

序号	内容	简要说明
1	概述	① 任务来源、目的，生产单位，生产起止时间，生产安排概况。 ② 测区名称、范围、行政隶属，自然地理特征，沿线路面和土质植被情况，路坡度（最大、最小、平均），交通情况和困难类别。 ③ 路线和网的名称、等级、长度，点位分布密度，标石类型等。 ④ 作业技术依据。 ⑤ 计划与实际完成工作量的比较，作业率的统计

续表 11-5

序号	内容	简要说明
2	利用已有资料情况	① 采用基准和系统。 ② 起算数据及其等级。 ③ 已知点的利用和联测。 ④ 资料中存在的主要问题和处理方法
3	作业方法、质量和有关技术数据	① 使用的仪器、标尺、记录计算工具和尺承等的型号、规格、数量、检校情况及其主要技术数据。 ② 埋石情况，施测方法，视线长度（最大、最小和平均）及其距地面和障碍物的距离，各分段中上、下午测站不对称数与总站数的比值，重测测段及数量，记录和计算法，程序来源、审查或验算结果。 ③ 新技术、新方法的采用及其效果。 ④ 跨河水准测量的位置，施测方案，施测结果与精度等。 ⑤ 联测和支线的施测情况。 ⑥ 执行技术标准的情况，保证和提高质量的主要措施，各项限差与实际测量结果的比较，外业检测情况及精度分析等
4	技术结论	① 对本测区成果质量、设计方案和作业方法等的评价。 ② 重大遗留问题的处理意见。 ③ 经验、教训和建议
5	附图、附表	① 利用已有资料清单。 ② 测区点、线、网的水准路线图。 ③ 仪器、标尺检验结果汇总表。 ④ 精度统计表。 ⑤ 上交测绘成果清单等

（3）重力测量

重力测量技术总结的具体内容见表 11-6。

表 11-6　　重力测量技术总结的具体内容

序号	内容	简要说明
1	概述	① 任务来源、目的，生产单位，生产起止时间，生产安排概况。 ② 测区名称、范围、行政隶属，自然地理特征，交通情况和困难类别。 ③ 路线的名称、等级，布点方案，分布密度，点距（最大、最小、平均）等。 ④ 作业技术依据。 ⑤ 计划与实际完成工作量的比较，作业率的统计
2	利用已有资料情况	① 采用基准和系统。 ② 起算数据及其等级。 ③ 已知点的利用和联测。 ④ 资料中存在的主要问题和处理方法

续表 11-6

序号	内容	简要说明
3	作业方法、质量和有关技术数据	① 使用仪器与仪表的名称、型号、检校情况及其主要技术数据。 ② 埋石情况，施测方法，施测路线与所用时间(最长、平均)，测回数，重测数与重测率，概算公式与结果。 ③ 联测点的联测情况，平面坐标与高程的施测和计算情况。 ④ 新技术、新方法的采用及其效果。 ⑤ 执行技术标准的情况，出现的主要问题和处理方法，保证和提高质量的主要措施，各项限差与实际测量结果的比较，实地检测情况及精度分析等
4	技术结论	① 对本测区成果质量、设计方案和作业方法等的评价。 ② 重大遗留问题的处理意见。 ③ 经验、教训和建议
5	附图、附表	① 利用已有资料清单。 ② 重力点位和联测路线略图。 ③ 平面坐标与高程施测图。 ④ 仪器检验结果汇总表。 ⑤ 精度统计表。 ⑥ 上交测绘成果清单等

(4) 大地测量计算

大地测量计算技术总结的具体内容见表 11-7。

表 11-7　大地测量计算技术总结的具体内容

序号	内容	简要说明
1	概述	① 任务来源、目的，生产单位，生产起止时间，生产安排概况。 ② 计算区域名称、等级、范围、行政隶属。 ③ 作业技术依据。 ④ 计划与实际完成工作量的比较，作业率的统计
2	利用已有资料情况	① 采用的基准和系统。 ② 起算数据及其等级、来源和精度情况。 ③ 重合点的质量分析。 ④ 前工序存在的主要问题及其在计算中的处理方法和结果
3	计算方法、质量和有关技术数据	① 作业过程简述，保证质量的主要措施。 ② 使用计算工具的名称、型号、性能及其说明，采用程序的名称、来源、编制和审核单位、编制者，程序的基本功能及其检验情况。 ③ 计算的原理、方法、基本公式，改正项及其公式，小数取位等。 ④ 新技术、新方法的采用及其效果。 ⑤ 数据和信息的输入、输出情况，内容与符号说明。 ⑥ 计算结果的验算，精度统计分析与说明。 ⑦ 计算过程中出现的主要问题及处理结果等

续表 11-7

序号	内容	简要说明
4	计算结论	① 对本计算区成果质量、计算方案、计算方法等的评价。 ② 重大遗留问题的处理意见。 ③ 经验、教训和建议
5	附图、附表	① 利用已有资料清单。 ② 计算区域的线、锁、网图。 ③ 计算机源程序目录(含编制单位、编者、审核单位及其时间等)。 ④ 精度检验分析统计表。 ⑤ 上交测绘成果清单等

11.3.2　摄影测量与遥感

(1) 航空摄影

航空摄影技术总结的具体内容见表 11-8。

表 11-8　航空摄影技术总结的具体内容

序号	内容	简要说明
1	概述	① 任务来源、目的,摄影比例尺,航摄单位,摄影起止时间。 ② 摄区名称、地理位置、面积、行政隶属,摄区地形和气候对摄影工作的影响。 ③ 作业技术依据。 ④ 完成的作业项目、数量
2	利用已有资料情况	编制航摄计划用图的比例尺、作业年代及接边资料等
3	航摄工作、质量和有关技术数据	① 航摄仪和附属仪器的类型及其主要技术数据。 ② 航线敷设情况和飞行质量。 ③ 底片和相纸的类型、特性、冲洗和处理方法,主要技术数据。 ④ 航摄质量及航摄底片复制品的质量情况。 ⑤ 新技术、新方法、新材料的采用及其效果。 ⑥ 执行技术标准的情况,出现的主要问题和处理方法,保证和提高质量的主要措施
4	技术结论	① 对本摄区成果质量、设计方案、作业方法等的评价。 ② 重大遗留问题的处理意见。 ③ 经验、教训和建议
5	附图、附表	① 摄影分区略图。 ② 航摄鉴定表。 ③ 上交航摄成果清单等

(2) 航空摄影测量外业

航空摄影测量外业技术总结的具体内容见表 11-9。

表 11-9　　航空摄影测量外业技术总结的具体内容

序号	内容	简要说明
1	概述	① 任务来源、目的，摄影比例尺，成图比例尺，生产单位，生产起止日期，生产安排概况。 ② 测区地理位置、面积、行政隶属，自然地理特征，交通情况和困难类别等。 ③ 作业技术依据，采用的投影、坐标系、高程系和等高距。 ④ 计划与实际完成工作量的比较，作业率的统计
2	利用已有资料情况	① 航摄资料的来源，仪器的类型及其主要技术数据，相片的质量和利用情况。 ② 其他资料的来源、等级、质量和利用情况。 ③ 资料中存在的主要问题和处理方法
3	作业方法、质量和有关技术数据	① 控制测量包括：相片控制点的布设方案，刺点影像；基础控制点和相片控制点测定的仪器、方法、扩展次数及各种误差；检查的方法和质量情况。 ② 相片调绘与综合法测图包括：调绘相片的比例尺和质量，调绘的方法，使用简化符号的说明；新增地物、地貌及云影、阴影地区的补测方法和质量；综合法测绘地貌的方法和质量；地理调查和地名译音的情况；检查的方法和质量情况。 ③ 新技术、新方法的采用及其效果
4	技术结论	① 对本测区成果质量、设计方案、作业方法等的评价。 ② 重大遗留问题的处理意见。 ③ 经验、教训和建议
5	附图、附表	① 测区地形类别及质量评定图。 ② 利用已有资料清单。 ③ 控制点分布略图。 ④ 精度统计表。 ⑤ 上交测绘成果清单等

(3) 航空摄影测量内业

航空摄影测量内业技术总结的具体内容见表 11-10。

表 11-10　　航空摄影测量内业技术总结的具体内容

序号	内容	简要说明
1	概述	① 任务来源、目的，摄影比例尺，成图比例尺，生产单位，生产起止日期，生产安排概况。 ② 测区地理位置、面积、行政隶属，地形的主要特征和困难类别。 ③ 作业技术依据，采用的投影、坐标系、高程系和等高距。 ④ 计划与实际完成工作量的比较，作业率的统计
2	利用已有资料情况	① 摄影资料的来源，仪器的类型及其主要技术数据。 ② 对外业控制点和调绘成果进行分析。 ③ 其他资料的来源、质量和利用情况。 ④ 资料中存在的主要问题和处理方法

续表 11-10

序号	内容	简要说明
3	作业方法、质量和有关技术数据	① 解析空中三角测量包括：加密方法、刺点影像、使用仪器等情况；加密点的精度及其接边情况。 ② 影像平面图的编制包括：纠正和复制的方法，仪器类型，影像质量及精度情况；采用正射投影仪作业时，断面数据点采集的密度、扫描缝隙长度等有关技术参数；成图精度和图幅接边精度。 ③ 航测原图的测绘和编绘包括：采用的方法和使用的仪器；成图的质量和精度；与已成图的接边情况。 ④ 新技术、新方法、新材料的采用及其效果以及作业中出现的主要问题和处理方法
4	技术结论	① 对本测区成果质量、设计方案、作业方法等的评价。 ② 重大遗留问题的处理意见。 ③ 经验、教训和建议
5	附图、附表	① 测区图幅结合表。 ② 航测内业成图方法及质量评定图。 ③ 利用已有资料清单。 ④ 精度统计表。 ⑤ 野外检测统计表。 ⑥ 上交测绘成果清单等

(4) 近景摄影测量

近景摄影测量技术总结的具体内容见表 11-11。

表 11-11　近景摄影测量技术总结的具体内容

序号	内容	简要说明
1	概述	① 任务来源、目的，摄影比例尺，成图比例尺，生产单位，生产起止日期，生产安排概况。 ② 目标的类型和概况。 ③ 作业技术依据。 ④ 完成的作业项目与工作量
2	利用已有资料情况	① 摄影和测量仪器的类型及其检校情况。 ② 其他资料的来源、质量和利用情况。 ③ 资料中存在的主要问题和处理方法
3	作业方法、质量和有关技术数据	① 物方控制包括：物方控制布设情况、测量方法和精度。 ② 近景图像的获取包括：摄影仪器类型及检校情况；摄站布设、摄影方式、摄影参数；感光材料的型号和影像质量情况。 ③ 近景图像的处理包括：处理的方法，仪器类型，成果形式；成果质量和精度的评定方法。 ④ 新技术、新方法、新材料的采用及其效果
4	技术结论	① 对本测区成果质量、设计方案、作业方法等的评价。 ② 重大遗留问题的处理意见。 ③ 经验、教训和建议

续表 11-11

序号	内容	简要说明
5	附图、附表	① 测区图幅结合表。 ② 航测内业成图方法及质量评定图。 ③ 利用已有资料清单。 ④ 精度统计表。 ⑤ 野外检测统计表。 ⑥ 上交测绘成果清单等

（5）遥感

遥感技术总结的具体内容见表 11-12。

表 11-12　　遥感技术总结的具体内容

序号	内容	简要说明
1	概述	① 任务来源、目的，图像比例尺，成图比例尺，生产单位，生产起止时间，生产安排概况。 ② 测区概况。 ③ 作业技术依据和作业方案。 ④ 完成的作业项目与工作量
2	利用已有资料情况	① 遥感资料的来源、形式，主要技术参数，质量和利用情况。 ② 资料中存在的主要问题和处理方法
3	作业方法、质量和有关技术数据	① 遥感图像处理：采用的仪器及其主要技术参数；地面控制点选取的方法、点数及分布情况；处理方法，基本工作程序框图，影像质量及有关误差。 ② 遥感图像的解译：采用的资料；标志的形态、影像、色调特征等；解译的方法。 ③ 解译结果的检验：解译结果检验的方法；野外取样情况，验证成果的准确率。 ④ 编制专业图件包括：利用遥感影像图、地形图、解译草图和其他资料编制专业图件的方法及有关误差。 ⑤ 新技术、新方法、新材料的采用及其效果
4	技术结论	① 对本测区成果质量、设计方案、作业方法等的评价。 ② 重大遗留问题的处理意见。 ③ 经验、教训和建议
5	附图、附表	① 测区图幅结合表。 ② 遥感内业成图方法及质量评定图。 ③ 利用已有资料清单。 ④ 精度统计表。 ⑤ 野外检测统计表。 ⑥ 上交测绘成果清单等

11.3.3　工程测量

(1) 控制测量

参照大地测量相关测量内容。

(2) 地形测图

可采用摄影测量方法测图以及平板仪、全站型速测仪测图，这里主要介绍平板仪、全站仪测图。

地形测图技术总结的具体内容见表 11-13。

表 11-13　地形测图技术总结的具体内容

序号	内容	简要说明
1	概述	① 任务来源、目的，测图比例尺，生产单位，生产起止日期，生产安排概况。 ② 测区名称与范围、行政隶属，自然地理特征，交通情况，困难类别。 ③ 作业技术依据，采用的等高距，图幅分幅和编号的方法。 ④ 计划与实际完成工作量的比较，作业率的统计
2	利用已有资料情况	① 资料的来源和利用情况。 ② 资料中存在的主要问题和处理方法
3	作业方法、质量和有关技术数据	① 图根控制测量：各类图根点的布设，标志的设置，观测使用的仪器和方法，各项限差与实际测量结果的比较。 ② 平板仪测图：测图方法，使用的仪器，每幅图上解析图根点与地形点的密度和分布情况，特殊地物、地貌的表示方法，接边情况等。 ③ 全站型速测仪测图：测图方法，仪器型号、规格和特性，仪器检校情况，外业采集数据的内容、密度、记录的特征，数据处理和成图工具的情况等。 ④ 测图精度分析与统计、检查验收的情况，存在的主要问题和处理结果等。 ⑤ 新技术、新方法、新材料的采用及其效果
4	技术结论	① 对本测区成果质量、设计方案和作业方法等的评价。 ② 重大遗留问题的处理意见。 ③ 经验、教训和建议
5	附图、附表	① 利用已有资料清单。 ② 图幅分布和质量评定图。 ③ 控制点分布略图。 ④ 精度统计表。 ⑤ 上交测绘成果清单等

(3) 施工测量

施工测量技术总结的具体内容见表 11-14。

表 11-14　　施工测量技术总结的具体内容

序号	内容	简要说明
1	概述	① 任务来源、目的，生产单位，生产起止时间，生产安排概况。 ② 工程名称，测设项目，测区范围，自然地理特征，交通情况，有关工程地质与水文地质的情况，建设项目的复杂程度和发展情况等。 ③ 作业技术依据。 ④ 计划与实际完成工作量的比较，作业率
2	利用已有资料情况	① 资料的来源和利用情况。 ② 资料中存在的主要问题和处理方法
3	作业方法、质量和有关技术数据	① 控制点系统的建立，埋石情况，使用的仪器和施测方法及其精度。 ② 施工放样方法和精度。 ③ 各项误差的统计，实地检测的项目、数量和方法，检测结果与实测结果的比较等。 ④ 新技术、新方法、新材料的采用及其效果。 ⑤ 作业中出现的主要问题和处理方法
4	技术结论	① 对本测区成果质量、设计方案和作业方法等的评价。 ② 重大遗留问题的处理意见。 ③ 经验、教训和建议
5	附图、附表	① 施工测量成果种类及其说明。 ② 采用已有资料清单。 ③ 精度统计表。 ④ 上交测绘成果清单等

(4) 线路测量

参照大地测量的有关内容。

线路测量技术总结的具体内容见表 11-15。

表 11-15　　线路测量技术总结的具体内容

序号	内容	简要说明
1	铁路、公路测量	① 与已有控制点的联测方法和精度。 ② 交点、转点、中桩桩位及曲线等的测设情况。 ③ 中线测量、横断面测量的方法与精度。 ④ 中桩复测与原测成果的比较
2	架空索道测量	① 方向点间距及方向点偏离直线的情况。 ② 断面测量(加测断面及断面点)的情况
3	自流和压力管线测量	① 施测情况与结果。 ② 定线的误差等
4	架空送电线路测量	① 定线测向与方向点偏离直线的情况。 ② 实地排定杆位时的检核情况等

(5) 竣工总图编绘与实测

竣工总图编绘与实测技术总结的具体内容见表 11-16。

表 11-16　竣工总图编绘与实测技术总结的具体内容

序号	内容	简要说明
1	概述	① 任务来源、目的，生产单位，生产起止时间，生产安排概况。 ② 工程名称，测区范围、面积，工程特点等。 ③ 作业技术依据。 ④ 完成工作量，作业率的统计
2	利用已有资料情况	① 施工图件和资料的实测与验收情况。 ② 说明图件、资料，特别是其中地下管线及隐蔽工程的现势性和使用情况。 ③ 资料中存在的主要问题和处理方法
3	作业方法、质量和有关技术数据	① 竣工总图的成图方法，控制点的恢复与检测，地物的取舍原则，成图的质量等。 ② 新技术、新方法、新材料的采用及其效果。 ③ 作业中出现的主要问题和处理方法
4	技术结论	① 对本测区成果质量、设计方案、作业方法等的评价。 ② 重大遗留问题的处理意见。 ③ 经验、教训和建议
5	附图、附表	① 利用已有资料清单。 ② 上交测绘成果清单。 ③ 建筑物、构筑物细部点成果表等

(6) 变形测量

变形测量技术总结的具体内容见表 11-17。

表 11-17　变形测量技术总结的具体内容

序号	内容	简要说明
1	概述	① 项目名称、来源、目的、内容，生产单位，生产起止时间，生产安排概况。 ② 测区地点、范围，建筑物(构筑物)分布情况及观测条件，标志的特征。 ③ 作业技术依据。 ④ 完成任务量
2	利用已有资料情况	① 测量资料的分析与利用。 ② 起算数据的名称、等级及其来源。 ③ 资料中存在的主要问题和处理方法
3	作业方法、质量和有关技术数据	① 仪器的名称、型号和检校情况。 ② 标志的布设和密度，标石或观测墩的规格及其埋设质量，变形控制网(点)的建立、施测及其稳定性的分析，变形观测点的施测情况，观测周期，计算方式和方法等。 ③ 重复观测结果的分析比较和数据处理方法。 ④ 新技术、新方法、新材料的采用及其效果。 ⑤ 执行技术标准的情况，出现的主要问题和处理方法，保证和提高质量的主要措施，各项限差与实际测量结果的比较

续表 11-17

序号	内容	简要说明
4	技术结论	① 变形观测的结论和评价。 ② 对本测区成果质量、设计方案、作业方法等的评价。 ③ 重大遗留问题的处理意见。 ④ 经验、教训和建议
5	附图、附表	① 变形控制网布设略图。 ② 利用已有资料清单。 ③ 变形观测资料的归纳与分析报告。 ④ 上交测绘成果清单等

(7) 库区淹没测量

库区淹没测量技术总结的具体内容见表 11-18。

表 11-18　库区淹没测量技术总结的具体内容

序号	内容	简要说明
1	概述	① 任务来源、目的,生产单位,生产起止时间,生产安排概况。 ② 水库名称、行政隶属,成图比例尺,库区淹没范围、面积,淹没田地、村庄数量,搬迁人口数等。 ③ 作业技术依据。 ④ 计划与实际完成工作量比较
2	利用已有资料情况	① 起算数据及其等级、系统等。 ② 坝顶高程及其等级、系统等。 ③ 资料中存在的主要问题和处理方法
3	作业方法、质量和有关技术数据	① 标石埋设情况、分布与数量。 ② 使用仪器名称、型号及其主要技术参数。 ③ 施测与成图方法,点位布设密度、等级、联测方案与精度等。 ④ 新技术、新方法、新材料的采用及其效果。 ⑤ 最高淹没面和最低淹没面的高程。 ⑥ 淹没区面积量算的方法和精度。 ⑦ 执行技术标准的情况,出现的主要问题和处理方法,保证和提高质量的主要措施,各项限差与实际测量结果的比较,实地检测情况与精度等
4	技术结论	① 对本测区成果质量、设计方案、作业方法等的评价。 ② 重大遗留问题的处理意见。 ③ 经验、教训和建议
5	附图、附表	① 控制点分布略图。 ② 库区淹没图及质量评定图。 ③ 测量精度统计表。 ④ 淹没区分类统计表。 ⑤ 利用已有资料清单。 ⑥ 上交测绘成果清单等

本 章 小 结

本章主要介绍了测绘项目技术总结和专业技术总结的要求与内容。通过本章的学习，学生应能够根据这些知识和有关标准撰写技术总结；能够对技术问题的处理案例进行分析、评估、认定，明确结论。

习　　题

1. 什么是项目技术总结？什么是专业技术总结？
2. 测绘项目技术总结要求有哪些？
3. 测绘项目技术总结的内容有哪些？
4. 专业技术总结要求有哪些？
5. 专业技术总结内容有哪些？

第12章 测绘成果质量检查验收

12.1 检查验收的基本概念和术语

（1）检查验收的目的

检查验收的目的是通过对测绘成果的数量和质量进行查看、检测和分析，依照国家有关技术规定和项目本身的要求对成果进行评价，找出存在的问题并组织修改完善，保证测绘工程项目按要求完成，杜绝不合格品流入下道工序或投入使用，保证合格的成果才能进入应用领域。

（2）相关术语

① 单位成果：为实施检查与验收而划分的基本单位。

② 批成果：同一技术设计要求下生产的同一测区的、同一比例尺（或等级）单位成果集合。

③ 批量：批量成果中单位成果的数量。

④ 样本：从批成果中抽取的用于评定批成果质量的单位成果集合。

⑤ 样本量：样本中单位成果的数量。

⑥ 全数检查：对批成果中全部单位成果逐一进行的检查。

⑦ 抽样检查：从批成果中抽取一定数量的样本进行检查。

⑧ 质量元素：说明质量的定量、定性组成部分。即成果满足规定要求和使用目的的基本特性。质量元素的适用性取决于成果的内容以及成果规范，并非所有的质量元素都适用于所有的成果。

⑨ 质量子元素：质量元素的组成部分，描述质量元素的一个特定方面。

⑩ 检查项：质量子元素的检查内容；说明质量的最小单位、质量检查和评定的最小实施对象。

⑪ 详查：对单位成果质量要求的全部检查项进行的检查。

⑫ 概查：对单位成果质量要求中的部分检查项进行的检查。部分检查项一般指重要的、特别关注的质量要求或指标，或系统性的偏差、错误。

⑬ 错漏：检查项的检查结果与要求存在的差异。根据差异的程度，将其分为A、B、C、D四类。A类：极重要检查项的错漏；B类：重要检查项的错漏或检查项的严重错漏；C类：较重要检查项的错漏或检查项的较重错漏；D类：一般检查项的轻微错漏。

⑭ 高精度检测：检测的技术要求高于生产的技术要求。

⑮ 同精度检测：检测的技术要求与生产的技术要求相同。

⑯ 简单随即抽样：从批成果中抽取样本时，使每一个单位成果都以相同概率构成样本。

可采用抽签、掷骰子、查随机数表等方法。

⑰ 分层随机抽样：将批成果按作业工序或生产时间段、地形类别、作业方法等分层后，根据样本量分别从各层中随机抽取 1 个或若干个单位成果组成样本。

12.2　检查验收的基本规定

（1）测绘成果质量检查验收制度

测绘成果质量通过“二级检查、一级验收”方式进行控制，测绘成果应依次通过测绘单位作业部门的过程检查、测绘单位质量管理部门的最终检查和项目管理单位组织的验收或委托具有资质的质量检验机构进行质量验收。其要求如下：

① 过程检查采用全数检查。过程检查应逐单位成果进行详查，检查出的错误修改后应通过复查方可提交最终检查。

② 最终检查一般采用全数检查，涉及野外检查项的可采用抽样检查，样本以外的应实施内业全数检查。

③ 验收一般采用抽样检查。质量检验机构应对样本进行详查，必要时可对样本以外的单位成果的重要检查项进行概查。

④ 各级检查验收工作应独立、按顺序进行，不得省略、代替或颠倒顺序。

⑤ 最终检查应审核过程检查记录，验收应审核最终检查记录，审核中发现的问题作为资料质量错漏处理。

（2）测绘成果质量检查验收依据

验收依据包括相关的测绘任务书、合同书中有关产品质量元素的摘录文件或委托检查验收文件、有关法规和技术标准以及技术设计书和有关的技术规定等。

（3）提交检查验收的资料

项目提交的成果资料必须齐全，一般应包括：

① 项目设计书、专业技术设计书、技术总结等。

② 文档簿、质量跟踪卡等。

③ 数据文件，包括图廓内外整饰信息文件、元数据文件等。

④ 作为数据源使用的原图或复制的二底图。

⑤ 图形或影像数据输出的检查图或模拟图。

⑥ 技术规定或技术设计书规定的其他文件资料。

提交验收时，还应包括检查报告。

（4）数学精度检测

图类单位成果高程精度检测、平面位置精度检测及相对位置精度检测，检测点（边）应分布均匀、位置明显。检测点（边）数量视地物复杂程度、比例尺等具体情况确定，每幅图一般各选取 20～50 个。

按单位成果统计数学精度，困难时可以适当扩大统计范围。高精度检测时，在允许中误差 2 倍（含 2 倍）以内的误差值均应参与数学精度统计，超过允许中误差 2 倍的误差视为粗差。同精度检测时，在允许中误差 $2\sqrt{2}$（含 $2\sqrt{2}$ 倍）以内的误差值均应参与数学精度统计，超过允许中误差 $2\sqrt{2}$ 倍的误差视为粗差。检测点（边）数量少于 20 个时，以误差的算术平均值代替中误差；多于 20 个时，按中误差统计。

高精度检测时，中误差计算按式(12-1)计算，即：

$$M = \pm \sqrt{\frac{\sum_{i=1}^{n} \Delta_i^2}{n}} \tag{12-1}$$

式中，M 为成果中误差；n 为检测点(边)总数；Δ 为较差。

同精度检测时，中误差计算按式(12-2)计算，即：

$$M = \pm \sqrt{\frac{\sum_{i=1}^{n} \Delta_i^2}{2n}} \tag{12-2}$$

式中，M 为成果中误差；n 为检测点(边)总数；Δ 为较差。

(5) 测绘成果检查验收记录与存档

检查验收记录包括质量问题的记录、问题处理的记录以及质量评定的记录等。记录必须做到及时、认真、规范、清晰。检查、验收工作完成后，应分别编写检查、验收报告，并随测绘成果一起归档。

(6) 质量问题处理

验收中发现有不符合技术标准、技术设计书或其他有关技术规定的成果时，应及时提出处理意见，交测绘单位进行改正。当问题较多或性质较重时，可将部分或全部成果退回测绘单位或部门重新处理，然后再进行验收。

经验收判为合格的批，测绘单位或部门要对验收中发现的问题进行处理，然后进行复查。经验收判为不合格的批，要将检验批全部退回测绘单位或部门进行处理，然后再次申请验收。再次验收时应重新抽样。

过程检查、最终检查中发现的质量问题应改正。过程检查、最终检查工作中，当对质量问题的判定存在分歧时，由测绘单位总工程师裁定；验收工作中，当对质量问题的判定存在分歧时，由委托方或项目管理单位裁定。

12.3 抽样检查程序

抽样检查的程序包括组成批成果、确定样本量、抽取样本、检查、质量评定、编制检验报告。

(1) 组成批成果

批成果应由同一技术设计书要求下生产的同等级、同规格的单位成果汇集而成。生产量较大时，可根据生产时间的不同、作业方法不同或作业单位不同等条件分别组成批成果，实施分批检验。

(2) 确定样本量

按照表 12-1 的规定确定样本量。

表 12-1　　样本量确定表

批量	样本量
≤20	3
21～40	5
41～60	7
61～80	9
81～100	10
101～120	11
121～140	12
141～160	13
161～180	14
181～200	15
≥201	分批次提交，批次数应最小，各批次的批量应均匀

注：当样本量等于或大于批量时，则全数检查。

(3) 抽取样本

采用分层按比例随机抽样的方法从批成果中抽取样本，即将批成果按不同班组、不同设备、不同环境、不同困难类别、不同地形类别等因素分成不同的层。根据样本量，在各层内分别按照各层在批成果中所占比例确定各层中应抽取的单位成果数量，并使用简单随机抽样法抽收样本。

提取批成果的有关资料，如技术设计书、技术总结、检查报告、接合表、图幅清单等。

(4) 检查

详查应根据单位成果质量元素及相应的检查项，按项目技术要求逐一检查样本内的单位成果，并统计存在的各类错漏数量、错误率、中误差等。根据需要，对样本外单位成果的重要检查项或重要因素以及详查中发现的普遍性、倾向性问题进行检查，并统计存在的各类错漏数量、错误率、中误差等。

(5) 质量评定

质量评定包括单位成果质量评定、样本质量评定和批成果质量评定。

(6) 编制检验报告

质量检查报告主要内容包括：检验工作成果概况、检验依据、抽样情况、检验内容及方法、主要质量问题及处理、质量统计及质量综述、附件(附图、附表)。

12.4　质量评分方法

(1) 数学精度评分方法

数学精度按表 12-2 的规定采用分段直线内插的方法计算质量分数；多项数学精度评分时，单项数学精度得分均大于 60 分时，取其算术平均值或加权平均。

表 12-2　　　　数学精度评分方法

数学精度值	质量分数	数学精度值	质量分数
$0 \leqslant M \leqslant l/3\ M_0$	$S=100$ 分	$1/2\ M_0 < M \leqslant 3/4\ M_0$	75 分$\leqslant S <$90 分
$1/3\ M_0 < M \leqslant 1/2\ M_0$	90 分$\leqslant S <$100 分	$3/4\ M_0 < M \leqslant M_0$	60 分$\leqslant S <$ 75 分

注：式中 M_0 为允许中误差的绝对值，$M_0=\sqrt{m_1^2+m_2^2}$。其中，m_1 为规范或相应技术文件要求的成果中误差，m_2 为检测中误差（高精度检测时取 $m_2=0$）；M 为成果中误差的绝对值；S 为质量分数（分数值根据数学精度的绝对值所在区间进行内插）。

（2）测绘成果质量错漏和扣分标准

成果质量错漏扣分标准按表 12-3 执行。

表 12-3　　　　成果质量错漏扣分标准

差错类型	扣分值
A 类	42 分
B 类	$12/t$ 分
C 类	$4/t$ 分
D 类	$1/t$ 分

注：t 为扣分值调整系数，一般情况下取 $t=1$。需要进行调整时，以困难类别为原则，按《测绘生产困难类别细则》进行调整（平均困难类别 $t=1$）。

（3）质量子元素评分方法

将质量子元素得分预置为 100 分，根据表 12-3 的要求对相应质量子元素中出现的错漏逐个扣分。S_2 的值按式(12-3)计算。

$$S_2 = 100 - [a_1 \times (12/t) + a_2 \times (4/t) + a_3 \times (1/t)] \tag{12-3}$$

式中，S_2 为质量子元素得分；a_1、a_2、a_3 为质量子元素中相应的 B 类错漏、C 类错漏、D 类错漏个数；t 为扣分调整系数。

（4）质量元素评分方法

采用加权平均法计算质量元素得分，S_1 的值按式(12-4)计算。

$$S_1 = \sum_{i=1}^{n} S_{2i} \times P_i \tag{12-4}$$

式中，S_1、S_{2i} 为质量元素、相应质量元素得分；P_i 为相应质量子元素的权；n 为质量元素个数中包含的质量子元素个数。

（5）单位成果质量得分

若质量元素拥有权值，则采用加权平均法计算单位成果质量得分。S 值按式(12-5)计算

$$S = \sum_{i=1}^{n} S_{1i} \times P_i \tag{12-5}$$

式中，S、S_{1i} 为单位成果质量、质量元素得分；P_i 为相应质量元素的权；n 为单位成果中包含的质量元素个数。

12.5　成果质量评定

（1）单位成果质量评定

单位成果质量评定通过单位成果质量分值评定质量等级，质量等级划分为优、良、合格、不合格四级，具体见表 12-4。概查只评定合格品、不合格品两级。

表 12-4　单位成果质量评定等级

质量等级	质量得分
优	90 分≤S≤100 分
良	75 分≤S<90 分
合格	60 分≤S<75 分
不合格	S<60 分

注：当单位成果出现以下情况之一时，即为不合格：

① 单位成果中出现了 A 类错漏；

② 单位成果高程精度检测、平面位置精度检测及相对位置精度检测，任一项粗差比例超过 5%；

③ 质量子元素质量得分小于 60 分。

（2）样本质量评定

① 当样本中出现不合格单位成果时，评定样本质量为不合格。

② 全部单位成果合格后，根据单位成果的质量得分，按算数平均方式计算样本质量得分，按表 12-5 评定样本质量等级。

表 12-5　样本质量等级评定标准

质量等级	优	良	合格
质量得分	S≥90 分	75 分≤S<90 分	60 分≤S<75 分

（3）批质量评定

① 最终检查批成果质量评定

最终检查批成果合格后，按以下原则评定批成果质量等级：

a. 优：优良品率达到 90%，其中优级品率达到 50%及以上；

b. 良：优良品率达到 80%，其中优级品率达到 30%及以上；

c. 合格：未达到上述标准的。

② 验收批成果质量核定

验收单位根据评定的样本质量等级核定批成果质量等级，当测绘单位未评定批成果质量等级或验收单位评定的样本质量等级与测绘单位评定的批成果质量等级不一致时，以验收单位评定的样本质量等级作为批成果质量等级。

③ 质量评定的说明

a. 生产过程中使用未经计量检定或检定不合格的测绘仪器，均判为批不合格。

b. 当详查和概查均为合格时，判为批合格；否则，判为批不合格；若验收中只实施了详查，则只依据详查结果判定批质量。

c. 当详查和概查中发现伪造成果现象或技术路线存在重大偏差，均判为批不合格。

12.6 测绘成果的质量元素及检查项

(1) 大地测量

大地测量成果主要包括GPS测量成果、三角测量成果、导线测量成果、光点测距成果、天文测量成果、重力测量成果及大地测量计算成果。

① GPS测量成果的质量元素和检查项（表12-6）

表12-6 GPS测量成果的质量元素和检查项

质量元素	质量子元素	检查项
数据质量	数学精度	点位中误差，边长相对中误差等
	观测质量	仪器检验项目与检验方法，观测方法；GPS点水准联测，观测时段数，观测手簿记录等
	计算质量	起算点选取，起始数据的正确性，起算点的兼容性及分布的合理性，各项外业验算项目等
点位质量	选点质量	点位布设及点位密度，点位观测条件，点之记等
	埋石质量	埋石坑位的规范性，标石类型，标石质量，托管手续内容等
资料质量	整饰质量	点之记、托管手续、观测手簿、计算成果等资料，技术总结、检查报告整饰等
	资料完整性	技术总结编写，检查报告编写，检查上交资料的完整情况等

② 三角测量成果的质量元素和检查项（表12-7）

表12-7 三角测量成果的质量元素和检查项

质量元素	质量子元素	检查项
数据质量	数学精度	最弱边相对中误差，最弱点中误差，测角中误差等
	观测质量	仪器检验项目与检验方法，各项观测误差，成果取舍和重测的合理性，记簿计算的正确性等
	计算质量	外业验算项目的齐全性，验算方法的正确性，验算数据的正确性，已知三角点选取，起始数据的正确性等
点位质量	选点质量	点位密度，点位选择，锁段图形权倒数值的符合性，展点图内容，点之记等
	埋石质量	觇标的结构，标石的类型，标石的埋设，托管手续内容等
资料质量	整饰质量	选点、埋石及验算资料整饰，成果资料整饰，技术总结整饰，检查报告整饰等
	资料完整性	技术总结内容，检查报告内容，上交资料的完整性等

③ 导线测量成果的质量元素和检查项（表12-8）

表 12-8　　导线测量成果的质量元素和检查项

质量元素	质量子元素	检查项
数据质量	数学精度	点位中误差符合性，边长相对精度，方位角闭合差，测角中误差等
	观测质量	仪器检验项目与检验方法，各项观测误差，水平角和导线测距的观测方法，成果取舍，记簿计算等
	计算质量	外业验算项目的齐全性，外业验算方法，验算数据的正确性，已知三角点选取，起始数据的正确性等
点位质量	选点质量	导线网网形结构，点位密度，点位选择，展点图内容的完整性，点之记内容，导线曲折度等
	埋石质量	觇标的结构，标石类型，标石的埋设和外部整饰，托管手续内容的齐全性等
资料质量	整饰质量	选点、埋石及验算资料整饰的齐全性，成果资料整饰，技术总结整饰，检查报告整饰等
	资料完整性	技术总结内容的齐全性，检查报告内容，上交资料的完整性等

④ 水准测量成果的质量元素和检查项（表 12-9）

表 12-9　　水准测量成果的质量元素和检查项

质量元素	质量子元素	检查项
数据质量	数学精度	每千米偶然中误差符合性，每千米全中误差的符合性等
	观测质量	测段、区段、路线闭合差，仪器检验项目与检验方法，测站观测误差，对已有水准点联测，观测和检测方法，记簿计算的正确性，注记的完整性等
	计算质量	环闭合差，外业验算项目，已知水准点选取等
点位质量	选点质量	水准路线布设，点位密度，路线图绘制，点位选择，点之记内容等
	埋石质量	标石类型，标识埋设规格，托管手续内容等
资料质量	整饰质量	观测、计算资料整饰，成果资料整饰，技术资料整饰，检查报告整饰等
	资料完整性	技术总结内容，检查报告内容，上交资料的齐全性等

⑤ 光电测距成果的质量元素和检查项（表 12-10）

表 12-10　　光电测距成果的质量元素和检查项

质量元素	质量子元素	检查项
数据质量	数学精度	主要检查边长精度超限
	观测质量	仪器检验项目与检验方法，测距边两端点高差测定，气象元素测定情况，观测误差与限差的符合情况，外业验算的精度指标差与限差的符合情况等
	计算质量	外业验算项目，外业验算方法，验算结果，观测成果采用的正确性等
资料质量	整饰质量	观测、计算资料整饰，成果资料整饰，技术总结整饰，检查报告整饰等
	资料完整性	技术总结内容，检查报告内容，上交资料等

注：与其他测量成果比较，“质量元素”中无“点位质量”。

⑥ 天文测量成果的质量元素和检查项（表 12-11）

表 12-11　天文测量成果的质量元素和检查项

质量元素	质量子元素	检查项
数据质量	数学精度	经纬度中误差，方位角中误差，正、反方位角之差等
	观测质量	仪器检验项目与检验方法，经纬度、方位角观测方法，各项外业观测误差与限差，各项外业验算的精度指标与限差等
	计算质量	外业验算项目，外业验算方法，验算结果，观测成果采用的正确性等
点位质量	选点质量	主要检查点位选择的合理性
	埋石质量	天文墩结构，天文墩类型及质量，天文墩埋设规格等
资料质量	整饰质量	观测、计算资料整饰，成果资料整饰，技术总结整饰，检查报告整饰的规整性等
	资料完整性	技术总结内容，检查报告内容，上交资料等

⑦ 重力测量成果的质量元素和检查项（表 12-12）

表 12-12　重力测量成果的质量元素和检查项

质量元素	质量子元素	检查项
数据质量	数学精度	重力联测中误差，重力点平面位置中误差，重力点高程中误差符合性等
	观测质量	仪器检验项目与仪器检验方法，重力测线安排，重力点平面坐标和高程测定方法，外业观测误差与限差等
	计算质量	外业验算项目，外业验算方法，重力基线选取，起始数据的正确性等
点位质量	选点质量	重力点布设位密度，重力点位选择，点之记内容等
	埋石质量	标石类型，标石质量，标石埋设规格，照片资料，托管手续等
资料质量	整饰质量	观测、计算资料整饰，成果资料整饰，技术总结整饰，检查报告整饰等
	资料完整性	技术总结内容，检查报告内容，上交成果资料等

⑧ 大地测量计算成果的质量元素和检查项（表 12-13）

表 12-13　大地测量计算成果的质量元素和检查项

质量元素	质量子元素	检查项
成果正确性	数学模型	采用基准的正确性，平差方案及计算方法，平差图形选择，计算、改算、平差、统计软件功能的完备性等
	计算正确性	外业观测数据取舍，仪器常数及检定系数选用，相邻测区成果处理，起算数据、仪器检验参数、气象参数选用，各项计算的正确性等
成果完成性	整饰质量	各种计算资料的规整性，成果资料、技术总结，检查报告等
	资料完整性	成果表编辑或抄录的正确性，技术总结，精度统计资料，上交成果资料的齐全性等

（2）工程测量

① 平面控制测量成果的质量元素和检查项（表 12-14）

表 12-14　　平面控制测量成果的质量元素和检查项

质量元素	质量子元素	检查项
数据质量	数学精度	点位中误差，边长相对中误差等
	观测质量	仪器检验项目与检验方法，观测方法，GPS 点水准联测，观测手簿记录和注记，水平角和导线测距的观测方法，天顶距的观测方法等
	计算质量	起算点选取，起始数据的正确性，起算点的兼容性及分布，各项外业验算项目等
点位质量	选点质量	点位布设及点位密度，点位满足观测条件，点位选择，点之记内容等
	埋石质量	埋石坑位的规范性，标石类型，标石埋设规格，托管手续内容等
资料质量	整饰质量	点之记和托管手续、观测手簿、计算成果等资料，技术总结整饰，检查报告整饰等
	资料完整性	技术总结编写，检查报告编写，检查上交资料等

② 高程控制测量成果的质量元素和检查项（表 12-15）

表 12-15　　高程控制测量成果的质量元素和检查项

质量元素	质量子元素	检查项
数据质量	数学精度	每千米高差中数偶然中误差，每千米高差中数全中误差，相对于起算点的最弱点高程中误差等
	观测质量	仪器检验项目与检验方法，测站观测误差，测段、区段、路线闭合差，对已有水准点联测，观测条件选择的合理性，注记的完整性等
	计算质量	外业验算项目，验算方法，已知水准点选取，起始水准数据的正确性，环闭合差等
点位质量	选点质量	水准路线布设，点位选择及点位密度，水准路线图绘制，点之记内容等
	埋石质量	标石类型，标石质量，标石埋设规格，托管手续内容等
资料质量	整饰质量	观测、计算资料整饰，各类报告、总结、附图、附表、簿册整饰，技术总结整饰，检测报告整饰等
	资料完整性	技术总结，检测报告，提供成果资料等

③ 大比例尺地形图的质量元素和检查项（表 12-16）

表 12-16　　大比例尺地形图的质量元素和检查项

质量元素	质量子元素	检查项
数据质量	数学基础	坐标系统、高程系统的正确性，各类投影计算，图根控制测量精度，图廓尺寸，对角线长度、格网尺寸，控制点间图上距离与坐标反算长度较差等
	平面精度	平面绝对位置中误差、相对位置中误差，接边精度
	高度精度	高程注记点高程中误差，等高线高程中误差，接边精度
数据及结构正确性		文件命名，数据组织，数据格式，要素分层，属性代码，属性接边质量等
地理精度		地理要素的完整性，地理要素的协调性，注记和符号的正确性，综合取舍的合理性，地理要素接边质量
整饰质量		符号、线画、色彩质量、注记质量，图面要素的协调性，图面、图廓外整饰质量
附件质量		元数据文件，检查报告、技术总结内容，成果资料的齐全性，各类报告、附图（接合图、网图）、附表、簿册整饰的规整性，资料装帧

④ 路线测量成果的质量元素和检查项(表 12-17)

表 12-17　　路线测量成果的质量元素和检查项

质量元素	质量子元素	检查项
数据质量	数学精度	平面控制测量、高程控制测量、地形图成果数学精度,点位或桩位测设成果数学精度,断面成果精度与限差的符合情况等
	观测质量	主要检查控制测量成果
	计算质量	验算项目的齐全性和验算方法的正确性,平差计算及其他内业计算的正确性
点位质量	选点质量	控制点布设及点位密度,点位选择的合理性等
	埋石质量	标石类型、标石质量,标石埋设规格,点之记、托管手续内容的齐全性、正确性
资料质量	整饰资料	观测、计算资料整饰,技术总结、检查报告整饰等
	资料完整性	技术总结、检查报告内容,提供项目成果资料,各类报告、总结、图表、簿册整饰等

⑤ 管线测量成果的质量元素和检查项(表 12-18)

表 12-18　　管线测量成果的质量元素和检查项

质量元素	质量子元素	检查项
控制测量精度		主要检查平面控制测量、高程控制测量
管线图质量	数学精度	明显管线点量测精度,管线点探测精度,管线开挖点精度,管线点平面、高程精度等
	地理精度	检查管线数据各管线属性的正确性,管线图注记和符号的正确性,管线调查和探测综合取舍的合理性等
	整饰质量	符号、线画质量,图廓外整饰质量,注记质量,接边质量
资料质量	资料完整性	工程依据文件,工程凭证资料,探测原始资料,探测图标、成果表,技术报告书(总结)
	整饰规整性	依据资料、记录图表归档的规整性,各类报告、总结、图、表、簿册整饰的规整性

⑥ 变形测量成果的质量元素和检查项(表 12-19)

表 12-19　　变形测量成果的质量元素和检查项

质量元素	质量子元素	检查项
数据质量	数学精度	基准网精度,水平位移,垂直位移测量精度
	观测质量	仪器设备的符合性,各项限差的符合情况,观测方法,观测条件,观测周期,数据采集的连续性等
	计算分析	计算项目的齐全性和方法的正确性,平差结果、成果资料的整理和整编,成果资料的分析等
点位质量	选点质量	基准点、观测点布设,点位密度、位置选择的合理性
	造埋质量	标石类型、标志构造的规范性和质量情况,标石、标志埋设规范性
资料质量	整饰质量	观测、计算资料整饰,技术报告、检查报告整饰等
	资料完整性	技术报告、检查报告内容,提供成果资料项目的齐全性,技术问题处理的合理性

⑦ 施工测量成果的质量元素和检查项(表 12-20)

表 12-20　施工测量成果的质量元素和检查项

质量元素	质量子元素	检查项
数据质量	数学精度	控制测量精度,点位或桩位测设成果数学精度
	观测质量	仪器检验项目与检验方法,水平角、天顶距、距离观测方法,观测条件,手工记簿计算的正确性,各项观测误差与限差的符合情况等
	计算质量	验算项目,验算方法,平差计算,其他内业计算等
点位质量	选点质量	控制点布设,点位密度,点位选择的合理性等
	造埋质量	标石类型,标石质量,标石埋设规格,点之记内容,托管手续内容的齐全性等
资料质量	整饰质量	观测、计算资料整饰,技术总结、检查报告整饰等
	资料完整性	技术总结,检查报告内容,提供成果资料项目的齐全性等

⑧ 水下地形测量成果的质量元素及检查项(表 12-21)

表 12-21　水下地形测量成果的质量元素及检查项

质量元素	质量子元素	检查项
数据质量	观测仪器	仪器选择合理性,仪器检验项目与检验方法等
	观测质量	技术设计和观测方案,数据采集软件,观测要素的齐全性,观测时间、观测条件、观测方法等
	计算质量	计算软件的可靠性,内业计算验算情况等
点位质量	观测点位	工作水准点埋设、验潮站设立、观测点布设合理性及代表性,周边自然环境
	观测密度	相关断面线布设及密度,观测频率、采样率的正确性
资料质量	观测记录	各种观测记录和数据处理记录的完整性
	附件及资料	技术总结内容,提供成果资料,成果图绘制的正确性

(3) 摄影测量与遥感测量

① 相片控制测量成果的质量元素和检查项(表 12-22)

表 12-22　相片控制测量成果的质量元素和检查项

质量元素	质量子元素	检查项
数据质量	数学精度	各项闭合差、中误差等精度指标的符合情况
	观测质量	观测手簿的规整性和计算的正确性,计算手簿的规整性和计算的正确性
布点质量		控制点点位布设的正确性、合理性,控制点点位选择的正确性、合理性
整饰质量		控制点判、刺的正确性,控制点整饰规范性,点位说明的准确性
附件质量		主要检查布点略图、成果表

② 相片调绘成果的质量元素和检查项(表 12-23)

表 12-23 相片调绘成果的质量元素和检查项

质量元素	检查项
地理精度	地物、地貌调绘的全面性、正确性，地物、地貌综合取舍的合理性，植被、土质符号配置的准确性、合理性，地名注记内容的准确性、完整性
属性精度	各类地物、地貌性质说明以及说明文字、数字注记等内容的完整性、正确性
整饰质量	各类注记的规整性，各类线画的规整性，要素符号间关系表达的正确性、完整性，相片整洁度
附件质量	主要检查资料的齐全性、资料整饰的规整性

③ 空中三角测量成果的质量元素和检查项(表 12-24)

表 12-24 空中三角测量成果的质量元素和检查项

质量元素	质量子元素	检查项
数据质量	数学基础	大地坐标系、大地高程基准、投影系等
	平面精度	内业加密点的平面位置精度
	高程精度	主要检查内业加密点的高程精度
	接边精度	主要检查区域网间接边精度
	计算质量	基本定向权，内定向、相对定向精度，多余控制点不符值，公共点校差
布点质量		平面和高程控制点是否超基线布控，定向点、检查点设置的合理性，加密点点位选择的正确性、合理性
附件质量		上交资料的齐全性，资料整饰的规整性和点位略图

④ 中小比例尺地形图质量元素和检查项(表 12-25)

表 12-25 中小比例尺地形图质量元素和检查项

质量元素	质量子元素	检查项
数据质量	数学基础	主要检查格网、图廓点、三北方向线
	平面精度	平面绝对位置中误差，接边精度数学精度
	高程精度	高程注记点高程中误差，等高线高程中误差，接边精度
数据及结构正确性		文件命名、数据组织的正确性，数据格式的正确性，要素分层的正确性、完备性，属性代码的正确性，属性接边的正确性
地理精度		地理要素的完整性、协调性，注记和符号的正确性，综合取舍的合理性，地理要素接边质量
整饰质量		符号、线画、色彩质量，注记质量，图面要素协调性，图面、图廓外整饰质量
附件质量		元数据文件的正确性，检查报告、技术总结内容，成果资料齐全，各类报告、附图、附表、簿册整饰

(4) 地图编制

① 普通地图的编绘原图/印刷原图的质量元素和检查项(表 12-26)

表 12-26 普通地图的编绘原图/印刷原图的质量元素和检查项

质量元素	检查项
数学精度	展点精度，平面控制点、高程控制点位置的精度，地图投影选择的合理性
数据完整性与正确性	文件命名、数据组织和数据格式的正确性、规范性，数据分层的正确性、完备性
地理精度	制图资料的现势性、完备性，制图综合的合理性，图内各种注记的正确性，地理要素的协调性
整饰质量	地图符号、色彩的正确性，注记的正确性、完整性，图廓外整饰要素的正确性
附件质量	图历簿填写的正确性、完整性，图幅的接边正确性，分色参考图的正确性、完整性

② 专题地图的编绘原图/印刷原图的质量元素和检查项(表 12-27)

表 12-27 专题地图的编绘原图/印刷原图的质量元素和检查项

质量元素	检查项
数据完整性与正确性	文件命名、数据组织和数据格式的正确性、规范性，数据分层的正确性、完备性
地图内容适用性	地理底图内容的合理性，专题内容的完备性、现势性、可靠性
地图表示的科学性	各种注记表达的合理性，分类、分级的科学性，色彩、符号与设计的符合性，表示方法选择的正确性
地图精度	图幅选择投影、比例尺的适宜性，制图网精度，地图内容的位置精度，专题内容的量测精度
图面配置质量	图面配置的合理性，图例的全面性、正确性，图廓外整饰的正确性、规范性、艺术性
附件质量	主要检查设计书质量，分色样图的质量

③ 地图集的质量元素和检查项(表 12-28)

表 12-28 地图集的质量元素和检查项

质量元素	质量子元素	检查项
整体质量	图集内容思想性	主要检查思想的正确性，图集宗旨、主题思想的明确程度，要素表示的正确性
	图集内容全面、完整性	主要检查图集内容的全面性、系统性，图集结构的完整性
	图集内容统一、协调性	主要检查图集内容的统一性、互补性，要素表达的协调性、可比性
图集内图幅质量	数据完整性与正确性	主要检查文件命名、数据组织和数据格式的正确性、规范性，数据分层的正确性、完备性
	地图内容适用性	主要检查地图底图内容的合理性，专题内容的完备性、现势性、可靠性
	地图表示的科学性	各种注记表达的合理性，分类、分级的科学性，色彩、符号与设计的符合性，表示方法选择的正确性
	地图精度	主要检查图幅选择投影、比例尺的适宜性，制图网精度，地图内容的位置精度，专题内容的量测精度
	图面配置质量	主要检查图面配置的合理性，图例的全面性、正确性，图廓外整饰的正确性、规范性、艺术性
	附件质量	主要检查设计书质量和分色样图的质量

④ 印刷成品的质量元素和检查项(表 12-29)

表 12-29 印刷成品的质量元素和检查项

质量元素	检查项
印刷质量	主要检查套印精度、网线、线画粗细变形率,印刷质量和图形质量
拼接质量	主要检查拼贴质量和折叠质量
装订质量	平装主要检查折页及配页质量、订本质量、封面质量和裁切质量,精装主要检查折页、配页、锁线或无线胶黏质量,图芯脊背、环衬粘贴质量,封面质量等

⑤ 导航电子地图的质量元素和检查项(表 12-30)

表 12-30 导航电子地图的质量元素和检查项

质量元素	检查项
位置精度	主要检查平面位置精度
属性精度	主要检查属性结构、属性值的正确性
逻辑一致性	道路网络连通性,拓扑关系的正确性,节点匹配的正确性,要素间关系的正确性和要素接边的一致性
完整性与正确性	安全处理的符合性,地图内容的现势性,兴趣点的完整性,数学基础、数据格式文件命名、数据组织和数据分层的正确性和要素的完备性
图面质量	各种注记表达的合理性、易读性,色彩、符号与设计的符合性,图形质量
附件质量	主要检查附件的正确性、全面性,成果资料的齐全性

(5) 地籍测量

① 地籍控制测量的质量元素和检查项(表 12-31)

表 12-31 地籍控制测量的质量元素和检查项

质量元素	质量子元素	检查项
数据质量	起算数据	起算点坐标的正确性和相关控制资料的可靠性
	数学精度	基本控制点精度的符合性
	观测质量	检验项目与检验方法,观测方法的正确性,各种记录的规整性,各项观测误差的符合性
	计算质量	主要检查平差计算的正确性
点位质量	选点质量	控制网布设,点位选择,点之记内容
	埋设质量	标石类型,标志设置,标石埋设
资料质量	整饰质量	观测和计算资料整饰,成果资料整饰,技术总结和检查报告的规整性
	资料完整性	成果资料,技术总结内容和检查报告内容

② 地籍图质量元素和检查项(表 12-32)

表 12-32 地籍图的质量元素和检查项

质量元素	质量子元素	检查项
界址点测量	观测质量	测量方法，观测手簿记录、属性记录和草图绘制、界址点测量方法，各项观测误差与限差
	数学精度	界址点相对位置精度，界址点绝对位置精度，宗地面积量算精度
地物点测量	观测质量	测量方法，观测手簿记录、属性记录和草图绘制，地物、地类测量精度，各项观测误差与限差
	数学精度	地物点相对位置精度和地物点绝对位置精度
资料质量	整饰质量	观测和计算资料整饰的规整性，成果资料整饰，技术总结和检查报告的规整性
	资料完整性	成果资料，技术总结内容和检查报告内容

③ 地籍图的质量元素和检查项（表 12-33）

表 12-33 地籍图的质量元素和检查项

质量元素	质量子元素	检查项
数学精度	数学基础	图廓边长与理论值之差，千米网点与理论值之差，展点精度，两对角线校差，图廓对角线与理论之差
	平面位置	主要检查界址点，线平面位置精度、地物点平面位置精度，地类界的平面位置精度
要素质量	地籍要素	主要检查地籍要素表示的正确性
	其他要素	地物要素的正确性，综合取舍的合理性，各要素的协调性，图幅接边的正确性
资料质量	整饰质量	注记和符号的正确性，整饰的规整性、正确性
	资料完整性	接合图、编图设计和总结的正确性、全面性

④ 宗地图的质量元素和检查项（表 12-34）

表 12-34 宗地图的质量元素和检查项

质量元素	质量子元素	检查项
数学精度	界址点精度	界址点平面位置精度和界址边长精度
	面积精度	主要检查宗地面积的正确性
要素质量	地籍要素	宗地号、宗地名称、界址点符号及编号、界址线等
	其他要素	主要检查地物、地类号等表示的正确性
资料质量	整饰质量	注记和符号的正确性，注记和符号的规范性
	资料完整性	主要检查设计和总结的全面性

（6）测绘航空摄影

① 航空摄影成果的质量元素及检查项（表 12-35）

表 12-35 航空摄影成果的质量元素和检查项

质量元素	检查项
飞行质量	航摄设计，相片重叠度(航向和旁向)，最大和最小航高之差，旋偏角，相片倾斜角，航迹，航线弯曲度，边界覆盖，相点最大位移值
影像质量	最大密度，最小密度，灰雾密度，反差，冲洗质量，影像色调，影像清晰度和框标影像
数据质量	主要检查数据的完整性和正确性
附件质量	摄区完成情况图、摄区分区图、分区航线接合图、摄区分区航线及相片接合图，各类注记、图表填写，成果包装

② 航空摄影扫描数据的质量元素和检查项(表 12-36)

表 12-36 航空摄影扫描数据的质量元素和检查项

质量元素	检查项
影像质量	影像分辨率，影像色调是否均匀、反差是否适中，影像清晰度，影像外观质量，框标影像质量
数据正确性和完整性	原始数据的正确性，文件命名、数据组织和数据格式的正确性、规范性；存储数据的介质和规格的正确性，数据内容的完整性
附件质量	元数据文件正确性、完整性，上交资料的齐全性

③ 卫星遥感影像的质量元素和检查项(表 12-37)

表 12-37 卫星遥感影像的质量元素和检查项

质量元素	检查项
数据质量	数据格式的正确性，影像获取时的“侧倾角”等
影像质量	主要检查影像反差，影像清晰度，影像色调
附件质量	主要检查影像参数文件内容的完整性

(7) 地理信息系统

地理信息系统的质量元素及检查项(表 12-38)

表 12-38 地理信息系统的质量元素及检查项

质量元素	检查项
资料质量	技术方案的完整性，数据处理与质量检查资料的齐全性，数据字典的规范性和齐全性，评审报告、检查验收报告、技术总结等资料的齐全性
运行环境	硬件平台的符合性，软件平台(操作系统、数据库软件平台、GIS 软件平台、中间件、应用软件等)的符合性，网络环境的符合性
数据(库)质量	数据组织的正确性，数据库结构的正确性，空间参考系的正确性，数据质量，各类基础地理数据的一致性

续表 12-38

质量元素	检查项
系统结构与功能	系统结构的正确性，数据库管理方式的符合性，系统功能的符合性，服务器、客户端功能划分的正确性，系统效率的符合性和系统的稳定性
系统管理与维护	安全保密管理情况，权限管理情况，数据备份情况和系统维护情况

(8) 数字测绘产品

① 数字线画地形图产品的质量元素(表 12-39)

表 12-39　　数字线画地形图成果的质量元素

质量元素	质量子元素
空间参考系	大地基准、高程基准和地图投影
位置精度	平面精度、高程精度和地图投影
属性精度	属性项完整性、分类正确性和属性正确性
完整性	数据层的完整性、数据层内部文件的完整性和要素完整性
逻辑一致性	概念一致性、格式一致性和拓扑一致性
时间准确度	数据更新和数据采集
元数据质量	元数据完整性和元数据准确性
表征质量	几何表达和地理表达
附件质量	图历簿质量和附属文档质量

② 数字高程模型产品的质量元素(表 12-40)

表 12-40　　数字高程模型产品的质量元素

质量元素	质量子元素
空间参考系	大地基准、高程基准和地图投影
位置精度	平面精度、高程精度
逻辑一致性	格式一致性
时间准确度	数据更新和数据采集
栅格质量	格网参数
元数据质量	元数据完整性和元数据准确性
附件质量	图历簿质量和附属文档质量

③ 数字正射影像图产品的质量元素(表 12-41)

表 12-41　数字正射影像图产品的质量元素

质量元素	质量子元素
空间参考系	大地基准、高程基准和地图投影
位置精度	平面精度
逻辑一致性	格式一致性
时间准确度	数据更新和数据采集
影像质量	影像分辨率和影像特性
元数据质量	元数据完整性和元数据准确性
表征质量	图廓整饰准确性
附件质量	图历簿质量和附属文档质量

④ 数字栅格地图产品的质量元素(表 12-42)

表 12-42　数字栅格地图产品的质量元素

质量元素	质量子元素
空间参考系	地图投影
逻辑一致性	格式一致性
栅格质量	影像分辨率和影像特性
元数据质量	元数据完整性和元数据准确性
附件质量	图历簿质量和附属文档质量

⑤ 数字测绘产品的质量检查验收方法

数字测绘产品的质量检查验收方法主要是对数字线画地形图、数字高程模型、数字正射影像图和数字栅格地图等产品进行质检的方法。其他专业的测绘产品的检查、验收可参照使用。质量检查的主要检查方法见表 12-43。

表 12-43　数字测绘产品质量检查验收的主要检查方法

检查方法	简要说明
参考数据比对	与高精度数据、专题数据、生产中使用的原始数据以及可收集到的国家各级部门公布、发布、出版的资料数据等各类参考数据对比，确定被检数据是否错漏或者获取被检数据与参考数据的差值。在对比中应考虑参考数据与被检数据由于生产(或发布)时间的差异造成的偏差、综合取舍的差异造成的偏差。 该方法主要适用于室内方式检查矢量数据，如检查各类错漏、计算各类中误差等，也可用于实测方式检查影像数据、栅格数据，如计算各类中误差等
野外实测	与野外测量、调绘的成果对比，确定被检数据是否错漏或者获取被检数据与野外实测数据的差值。在比对中应考虑野外数据与被检数据的时间差异。 该方法主要适用于实测方式检查矢量数据，如检查各类错漏、计算各类中误差等，也可用于实测方式检查影像数据、栅格数据，如计算各类中误差等

续表 12-43

检查方法	简要说明
内部检查	检查被检数据的内在特性。 该方法可用于室内方式检查矢量数据、影像数据、栅格数据。如逻辑一致性中的绝大多数检查项、接边检查、栅格数据的数据范围、影像数据的色调均匀、内业加密保密点检查中误差等。 质量检查可使用以下方式： ① 计算机自动检查 通过软件自动分析和判断结果，如可计算值(属性)的检查、逻辑一致性的检查、值域的检查、各类统计计算等。 ② 计算机辅助检查 通过人机交互检查，筛选并人工分析、判断结果，如检查有向点的方向等。 ③ 人工检查 不能通过软件检查，只能人工检查，如矢量要素的遗漏等。 在质量检查工作中，应优先使用软件自动检查、人机交互检查

本章小结

本章主要介绍了测绘成果检查验收的基本规定和成果质量评定方法。通过本章的学习，学生应根据这些知识能够评定测绘成果质量，严格按照相关技术细则或技术标准，通过观察、分析、判断和比较，适当结合测量、试验等方法对测绘成果进行的符合性评价。同时还要求学生学会测绘成果“两级检查、一级验收”方法，能够对自己提交的最终测绘成果质量负责，并能按照合同约定提交完整的测绘成果。

习　　题

单选题

1. 在单位成果质量评定中，质量得分为 74 分视为(　　)。
   A. 优级品　　B. 良级品　　C. 合格品　　D. 不合格品
2. 航空摄影成果的质量元素，包括(　　)、数据质量、附件质量。
   A. 飞行质量、影像质量　　B. 飞行质量、要素质量
   C. 影像质量、要素质量　　D. 要素质量、数学质量
3. 测绘产品质量监督检查机构要求测绘单位无偿提供检验样品时，如果测绘单位拒绝接受监督检查的，其产品质量按(　　)处理。
   A. 批合格　　B. 合格　　C. 批不合格　　D. 不合格
4. 质量评分方法不包括(　　)。
   A. 数学精度评分方法　　B. 观测质量评分方法
   C. 资料元素评分方法　　D. 质量错漏扣分标准
5. A 类差错类型成果质量错漏扣分标准为(　　)。
   A. 42 分　　B. $12/t$ 分　　C. $4/t$ 分　　D. $1/t$ 分

参 考 文 献

[1] 国家测绘地理信息局职业技能鉴定指导中心，测绘出版社. 测绘管理与法律法规[M]. 北京：测绘出版社，2016.

[2] 胡伍生，于先文，章其祥. 测绘管理与法律法规考点分析及模拟题详解[M]. 4版. 北京：人民交通出版社，2016.

[3] 刘晓燕. 测绘法规概论[M]. 北京：机械工业出版社，2016.

[4] 王建敏，王井利. 测绘工程管理与法规[M]. 北京：清华大学出版社，2016.

[5] 王占武. 测绘法规与工程管理[M]. 成都：西南交通大学出版社，2016.

[6] 杨明强. 测绘法律法规与测绘管理监理[M]. 成都：西南交通大学出版社，2012.